上海外国语大学大中小学外语国家教材建设重点研究基地

上海外国语大学外语教材研究院

主办

外语教材研究

FOREIGN LANGUAGE
TEACHING MATERIALS STUDIES

第五辑

上海外语教育出版社

外教社 SHANGHAI FOREIGN LANGUAGE EDUCATION PRESS

图书在版编目（CIP）数据

外语教材研究. 第五辑 / 查明建主编 ; 谢宇副主编 .
上海：上海外语教育出版社，2025. -- ISBN 978-7
-5446-8527-6

Ⅰ. H3-55

中国国家版本馆CIP数据核字第2025RY4258号

出版发行：**上海外语教育出版社**

（上海外国语大学内） 邮编：200083

电　　话：021-65425300 (总机)

电子邮箱：bookinfo@sflep.com.cn

网　　址：http://www.sflep.com

责任编辑：蒋　璜

印　　刷：上海商务联西印刷有限公司

开　　本：710×1000　1/16　印张10　字数144千字

版　　次：2025年6月第1版　2025年6月第1次印刷

书　　号：ISBN 978-7-5446-8527-6

定　　价：39.00元

本版图书如有印装质量问题，可向本社调换

质量服务热线：4008-213-263

外语教材研究

主　　编： 查明建

副主编： 谢　宇

主办单位： 上海外国语大学大中小学外语国家教材建设重点研究基地
上海外国语大学外语教材研究院

地　　址： 上海市虹口区大连西路558号6楼

目　录

CONTENTS

以敬畏之心谱写大学英语教材新篇章
——华南理工大学秦秀白教授访谈录

《外语教材研究》编辑部

提　要：本访谈聚焦"新世纪大学英语系列教材"总主编、华南理工大学秦秀白教授的教材编写历程。"新世纪大学英语系列教材"自2007年起陆续出版，获得广泛认可与多项荣誉。教材编写秉持"聚焦学习者"与"聚焦文本"理念，融合中西教育哲学。教材注重语言基本功训练，强化人文性与工具性结合，引导学生人格成长与能力提升。教师用书设计彰显对教师专业水平与教学方法的重视。秦教授强调教材编写需存敬畏之心，要守正创新，以适应新时代外语教育需求。

关键词：秦秀白；教材编写；教育理念；新世纪大学英语

Abstract: This interview focuses on Prof. Qin Xiubai from South China University of Technology, chief editor of the "New Century College English" textbook series, delving into his textbook compilation journey. Since its publication in 2007, the "New Century College English" textbook series has gained widespread recognition and numerous honors. Upholding the philosophy of "Zooming in on the learner" and "Zooming in on the text", it integrates Chinese and Western educational philosophies. The textbook series places emphasis on the training of basic language skills, strengthens the integration of humanistic characteristics and instrumental functions, and facilitates students' holistic development and competency enhancement. The design of the Teacher's Book highlights the emphasis on teachers' professional competence and innovative teaching methodologies. Prof. Qin stressed that textbook compilation must be approached with reverence, upholding integrity while promoting innovation, to meet the evolving needs of foreign language education in the new era.

Key words: Qin Xiubai; textbook compilation; educational philosophy; New Century College English

【编辑部按语】在当代中国大学英语教育的发展历程中，"新世纪大学英语系列教材"如同一座里程碑，见证了中国外语教育从知识传授到人文关怀与能力培养的深刻转型。这套承载着国家外语人才培养战略与大学外语教育改革实践的教材背后，是一位著名学者带领团队"十年磨一剑"的坚守。在"新世纪大学英语系列教材"《综合教程》第三版出版之际，《外语教材研究》编辑部专访了这位耄耋之年仍笔耕不辍的总主编——秦秀白教授，听他讲述教材编写背后的哲思与温度。

秦秀白，华南理工大学外国语学院教授（已退休），曾任广东外语外贸大学"外国语言学及应用语言学研究中心"兼职教授、博士生导师。先后担任全国高等教育自学考试委员会委员，高等学校外语专业教材编审委员会委员，第一、二、三届高等学校外语专业教学指导委员会委员。主持"新世纪大学英语系列教材"编写工作（任总主编），教材获国家级教学成果奖二等奖。2001年获"广东省南粤教书育人优秀教师"奖，2003年获首届国家级教学名师奖。

编辑部：秦老师，您在接受"新世纪大学英语系列教材"这套教材的编写重任时已经63岁了，您说这是"职业生涯的最后冲刺"。能否请您回顾一下这套教材的编写历程？

秦秀白：2004年1月，教育部颁布了《大学英语课程教学要求（试行）》，将大学英语的教学目标确定为"培养学生的英语综合应用能力，特别是听说能力，使他们在今后工作和社会交往中能用英语有效地进行口头和书面的信息交流，同时增强其自主学习能力，提高综合文化素养，以适应我国社会发展和国际交流的需要"；提出了分层次（即"一般要求""较高要求"和"更高要求"）和分类指导的教学要求。

在时任社长兼总编辑庄智象教授的直接领导和策划下，上海外语教育出版社于2004年5月启动了"新世纪大学英语系列教材"建设项目。

本系列教材包括通用英语课程6种（《综合教程》《视听说教程》《阅读教程》《写作教程》《快速阅读》《长篇阅读》）和专门用途英语课程教材3种（《金融英语综合阅读》《职业规划与拓展》《国际经贸组织》）。庄社长邀我出任本系列教材总主编和《综合教程》（1-8册）主编。为满足后续教学改革的需要，《综合教程》第5、6册改名为《综合英语提高教程：批评性阅读》1、2册；《综合教程》第7、8册改名为《综合英语发展教程：文学阅读》1、2册。

主持编写一套供全国大学生使用的通用英语教材，这是一项极其艰难的任务。我自感学识浅陋，能力不够，经验不足，是庄智象社长的不断鼓励和全力支持才使我逐渐下定决心，以"明知山中有老虎，偏向虎山行"的心态投入工作。我接受任务那年已经63岁，把它视为自己职业生涯中的最后一段冲刺，立志较好地完成历史赋予我的这一使命。

教材自2007年起陆续出版，得到了我国外语教育界的广泛认可，取得了较好的社会效益。经教育部认定，这套教材被列入"普通高等教育'十一五'本科国家级规划教材"；2012年，教材再次入选"'十二五'普通高等教育本科国家级规划教材"；《综合教程》和《视听说教程》被教育部认定为"2008年普通高等教育精品教材"；《职业规划与拓展》被教育部认定为"2009年普通高等教育精品教材"。2009年在由中国日报社《21世纪英语教育周刊》和21世纪英语网站联合举办的"60年60本英语教育图书"大型评选活动中，本系列教材成功入选。2013年这套教材获广东省高等教育优秀教学成果一等奖。2014年，"新世纪大学英语系列教材"荣获国家级教学成果奖二等奖，那一年我已73岁。从项目启动到获奖收官，历时整整10年，被项目团队的老师们戏称"十年磨一剑"。

编辑部：教材提出"聚焦学习者"与"聚焦文本"的双维度理念，既吸收马斯洛的人本主义理论，又融合叶圣陶语文教育传统。这种"中西教育哲学对话"是如何在实践中实现的？

秦秀白：要编写一套教材，首先得提出科学可行的编写理念或指导思想，而科学可行的编写理念既涉及教育学、语言学、语文学和外语教学等诸方面的理论指导，又涉及深入实际的一线调研，这本身就是一个读书、学习和思考的过程。在准备阶段，我比较深入地了解了以马斯洛（A. Maslow）、罗杰斯（C. R. Rogers）等人为代表的人本主义教育思想，学习了《叶圣陶教育文集》第3卷，领悟我国语文教育传统的人文精神，并从《牛津应用语言学丛书》《当代国外语言学与应用语言学文库》中挑选了一些相关的英文原著，废寝忘食地阅读并认真思考。

印象较深的著作有：1) Jeremy Harmer, *How to Teach English* (外研社)；2) H. Douglas Brown, *Teaching by Principles: An Interactive Approach to Language Pedagogy* (外研社)；3) Jane Willis & Dave Willis (eds.), *Challenge and Chance in Language Teaching* (外教社)；4) H. G. Widdowson, *Teaching Language as Communication* (10th Edition, 1996, 外教社)；5) Sandra Silberstein, *Techniques and Resources in Teaching Reading* (外教社)；6) Alan Cunningsworth, *Choosing Your Coursebook* (外教社)；7) Paul Davies & Eric Pearse, *Success in English Teaching* (外教社)。

我还阅读了外教社出版的《全新版大学英语》（李荫华教授主编）、外研社出版的《新视野大学英语》（郑树棠教授主编）和浙大版《新编大学英语》（应惠兰教授主编）以及高教社出版的《大学体验英语》（孔庆炎教授总主编）等国内通用教材，比较各种教材的优点，把国内外不同历史时期出版的近20种教材（包括新中国成立前林汉达编写的英语课本）找出来，把其中的词汇和语法练习形式罗列出来，供各册书的编者参考。出版社以书面问卷、个别访谈和集体座谈等形式在全国数十所高校进行了广泛的调查研究，并请专家对编写方案进行了多次论证。经过普遍调研和广泛征求意见，以及差不多一年时间的精心准备，《综合教程》的编写理念和编写原则逐步完善。

我不是专门研究二语习得和外语教学理论的。但近半个世纪的英语学习和英语教学实践让我悟出三个最基本的道理：1）就学生而言，只凭每周上几节课是难以熟练掌握英语的，必须树立自主学习观和终身学习观。2）就教师而言，不管你信奉什么样的教学理念和教学方法，教师的最终使命不是教英语，而是引导学生如何学习英语。3）在中国语境下从事英语教学，不仅要借鉴国外的先进教学理念和方法，还要汲取我国源远流长的语文（国文）教学传统和经验。关于这方面，我曾撰写读书笔记《基于我国语文教育传统经验的几点思考》，收录在《中国外语教育发展战略论坛》（庄智象主编，上海外语教育出版社，2009年）。

我们认为：新编教材要坚持人本主义教育观，做到两个"聚焦"：聚焦学习者（Zooming in on the learner）；聚焦文本（Zooming in on the text）；1）要继承传统，加强语言基本功训练；2）要强化英语教学的人文性和工具性的有机结合，力求引导学习者做到"学有所思、思有所得、得有所用"；3）要引导学习者将英语学习活动纳入自身人格成长与发展的进程，实现英语综合运用能力的习得与人格发展和素质培养同步提升。用当下的话语来表述，那就是以"润物细无声"的方式对学生进行思政教育。

我们认为，大学英语"综合课"相当于英语专业的"精读课"。《综合教程》这套教材必须体现"综合课"的性质和任务。"综合课"首先是一门语言基础课，要保证学习者获得必要的语言基础知识；"综合课"又是一门语言实践课，学习者要在这一门课上接受听、说、读、写、译等技能的综合训练，夯实英语基本功；"综合课"既是一个向学生展示英语文化和人文精神的窗口，也是我们引导学生树立文化自信、学习对外讲好"中国故事"的平台。当然，和高校开设的任何课程一样，"综合课"必须肩负实现高等教育"立德树人"根本任务。

"综合课"的所谓"精"主要体现在："综合课"的教学主要途径应该是"细读"（close reading）。对学生来说，"细读"是必须掌握的高级阅读技能（an advanced reading skill）；对教师来说，"细读"既是一种教学技巧（a teaching technique），更是一种教学途径（a teaching approach）。

我们还认为，阅读活动是分层次的。三个层次：（1）一般层次 →认知性阅读："What does it mean?"；（2）较高层次 → 评判性阅读："How does it mean (what it means)?"；（3）更高层次 → 鉴赏性阅读：

"How does the text acquire its meaning? Why is it valued as it is?"。鉴赏性阅读是评判性阅读的延伸。"综合课"要引领学习者感悟这三个层次的阅读体验。

有关《综合教程》的编写理念可在"知网"上参阅已发表的文章,如:坚持人本主义教学观,全面落实《大学英语课程教学要求》(2008);聚焦学习者聚焦文本——《综合教程》简介(2008);继承传统与时俱进开拓创新——"新世纪大学英语系列教材"简介(2007)。

编辑部:《综合教程》的教师用书比学生用书更厚,这是出于何种考量?您对教师用书的使用有什么建议?

秦秀白:要实现高质量的教学,最重要的是提高教师的专业水平和职业素养;不要把"宝"都押在教材上,没有什么万能的最好教材,只能追求最适合你的学生的教材。

叶圣陶先生曾说,"教材只能作为教课的依据,要教得好,使学生受到实益,还要靠老师的善于运用。"(《关于语文学习的45条建议》)

我们这套教材的教师用书确实比学生用书还要厚些,说明我们在教师用书上花费的心血和付出的劳动更多些。在设计教师用书时我们主要参考了前面提到的Alan Cunningsworth所著*Choosing Your Coursebook*(《如何选择教材》)。尤其是其中的第九章内容"Chapter 9 Teachers' books"。该章分为两部分:"The teacher's role"和"Teachers' books",最后有个"Checklist for teachers' books"(P.115),包含22个问题,给出了检验教师用书是否合格的22条标准。我可以负责任地说,我们这套教材的教师用书是达标的,经得起这个Checklist的检验。我本人是非常满意的。只有第19个问题需要说明一下:"Are there regular progress tests and advice on when and how to use them, and how to follow them up?"新修订出版的第三版没有"阶段学业测试"或"教学进度考试"这方面的内容,因为外教社的数字课程和移动学习平台(WE Learn)单独为我们设计了regular progress tests。

我们认为，教师用书的功用至少应体现在三个方面：一是贯彻《课程指南》提出的教学原则，帮助并确保教师实现教材的编写理念；二是引导教师深入领悟教材的编写理念，深入钻研教材，恰当运用教材，为教师授课提供教学方法指导或建议；三是提供必要的辅助性知识，以便提高教学效率。

为此，我们把课文分析（文本分析）作为教师用书的主体部分。针对每段课文设置了两类问题并提供了参考答案。一类是Content Questions，旨在引导学生"聚焦文本"，另一类问题是Extended Questions，旨在引导学生跳出课文内容，联系现实和个人经历，各抒己见，促使学生"学有所思、思有所得、得有所用"，实现"聚焦学习者"和"聚焦文本"的编写理念。

教师用书的另一特色是提供了比较详细的教学方法建议。教师用书的开篇语是用英文撰写的TO THE TEACHER（写给老师的话），与学生用书中的"写给同学的话"相互呼应。既有General Guidelines，又针对单元结构和授课步骤向教师提供了具体的授课建议。不论是Content Questions还是Extended Questions，与其说是为了向学生提问设计的，不如说是为引导教师钻研教材而设计的。教师在授课时可在所给问题和答案的启示下自由发挥，驾驭课堂。教学方法提示也只供教师备课时参考，不会也不该影响教师创新思维的发挥。

编辑部：您曾经强调，教材编写"必须存有敬畏之心"，在长达二十年的教材编撰和修订历程中，您对于教材编写最深刻的感悟是什么？

秦秀白：我有两点深刻感悟：

首先，责任心和使命感是成功之母。人们常说："失败是成功之母"，这当然不无道理，但做类似编写教材这样的集体项目，绝对不允许用失败去换取成功，因为失败的代价太大，失败的后果也太可怕。进入新时代后，教材建设已纳入国家发展的战略工程。编写高校通用的大学英语教材不是简单的编几本书，而是落实国家发展战略工程，涉及国家人才培养的百年大计，因此我们必须以敬畏之心编写教材，以精品教材启智增慧、培根铸魂，而责任心和使命感则是成功的基础和动力。

这一认识要注入我们编写工作的每一个细节。大到一篇课文的选择，小到一个单词乃至一个英文标点符号的处理，都承载着我们的责任和使命，都应精益求精，容不得有半点懈怠。比如，在处理《综合教程》（第二版）第二册的一篇选文时，我们竟连续修改14次才最后敲定课文。那是Steve Jobs 2005年在斯坦福大学（Stanford University）毕业典礼上的一篇演讲稿，原文很长，需要节选加工才能作为课文使用。

如何删减？删减哪些段落和词语？删减后如何保留原文的精髓并使文章前后衔接连贯？诸如此类的问题困扰我们许久。只能一稿一稿地尝试修改，并一次次地广泛征求意见。前后改动13次后才提交给在英国的语言顾问Tony Ward先生审定，最终生成了第14稿。这14稿之间的差距所体现的正是责任心和使命感的水平。教材无小事，事事需谨慎。

其次，在知识面前，对待学术问题，必须存有敬畏之心，永远不要自以为是。教材编写工作使我进一步深刻地领悟了古训："学然后知不足，教然后知困。"（《礼记·学记》）。在编写和阅读书稿时，常常感到自己的知识贫乏，能力低下，做起事来越来越缺乏自信，只能不厌其烦地查询资料或向他人求教。有时自以为写下的东西有据可查，但最后还是被出版社的责任编辑发现纰漏。

记得在给William Shakespeare的生平做简要注释时，我们明明是按照一本比较权威的词典给出他的生卒年份，自以为确切无误，没想到责编却发现所写的年份有误。后经查证，原来我们初稿所依据的词典本身就有错误，导致我们以讹传讹。那些日子里，我常因遣词造句陷入困境和苦恼之中。自以为已经字斟句酌了，可是把书稿拿给英语本族语专家审读，时常遭遇批改，我写的是"He knew fully well that ..."，人家偏偏改为："He knew full well that ..."，回过头来再查词典*Longman Dictionary of Contemporary English*，其中的full（adv.）果然明白地示例："They knew full well that ..."。

我写的是"It is no use pretending that anyone has discovered a perfect way to teach English in every possible situation."，专家则把"a perfect way to teach English"改为"a perfect way of teaching English"。至于介词和冠词方面的失误，更是屡见不鲜。毕竟，英语不是我们的母语，要获得坚实的语言功底，我们毕生都需要不断学习，就像永远没有毕业的英语专业本科生一样。

在耶鲁大学访学时，记得有一次在课堂上英语史专家Fred Robinson在黑板上写下苏格拉底（Socrates）的这句话："True knowledge exists in knowing that you know nothing."。当时我似懂非懂。编了十年的教材，我对这句话的深刻含义有了进一步的认识。是的，当你认为你什么都不懂的时候你才会意识到什么才是真知；换言之，如果你自认为你懂得很多很多，那么你永远也不会获得真知。知道得越多，越能发现自己的无知。

苏格拉底强调的是"自知无知"或"无知之知"，这与孔子所说的"不知之知"是一脉相承的。孔子说："知之为知之，不知为不知，是知也。"（《论语·为政》）你知了，这便是"知"；你不知而承认"不知"，也是一种"知"。作为知识分子，我们应该清醒地认识到自己的无知。

编辑部：经典教材的修订，往往聚焦于"创新点"，请问您如何看待教材的创新？

秦秀白：我觉得，不论做什么事都要重视"过犹不及"的道理。儒家主张的"过犹不及"即中庸之道，也就是亚里士多德（Aristotle）提出的the Golden Mean。中庸之道不是静态的折中或妥协，而是强调动态的平衡，在考量任何问题时都要避免"过"与"不及"这两个极端。中庸之道主张不走极端，但主张坚守底线思维。事实上，在编写教材工作的每一个环节都不应该走极端。比如，在选材时，要注意经典与时文的比例要适度；在处理听说读写译等技能训练时更要讲求动态的平衡。

教材是教育思想传承的核心载体。它通过编排知识体系把特定时代的教育理念和价值导向融入教学内容，它既是教育思想的载体，又是教育思想得以创新的平台。所以我很推崇"守正创新"这个口号。教材编写要把握好"守正"与"创新"的动态平衡。

"守正"是底线，它包含几层意思：一是坚守教材的学科性质，比如大学通用英语的综合教程性质和英语专业"精读"教材是一致的；二是坚守教材在学校教育规划中的定位，不能脱离国家发展战略，不能脱离学校实际；三是严格按照教学大纲或课程要求编写教材，不能违规或出轨；三是坚守语言的工具性和人文性的和谐统一。四是坚守教学规律，不同性质的课程要求有不同的教材，同一性质的课程可以有不同的教材，但都必须遵守教与学的规律，比如，教材的编写必须符合学生的认知规律，必须坚持由浅入深、循序渐进、因材施教的原则。诸如叶圣陶先生倡导的"教是为了不教"的自主学习观、语言文字训练与思想情感熏陶应如"盐溶于水"般的自然融合的文道统一观，都是语言教学应该遵守的教学原则和教学规律。

至于"创新"，我觉得绝不是盲目追求教学形式上的时髦和新颖，创新的重点是教育思想和教学理念的更新与变革。记得叶圣陶先生说过，大意是：教育的本质是农业而非工业。吕叔湘先生也曾撰文认同这一观点。意思是说，农业关注的对象是一粒粒有生命力的种子，它们具有内在的生长规律和自主发展的潜能，教师要像老农一样，要观察每一株苗的生长过程。而工业化的教育则将学生视为标准化的原料，可以用统一的模具批量生产。所以我理解的外语教学创新重点是教师的教学观念和学生的学习观念上的变革，其目的是培育有生命力的灵魂。也就是立德树人。在人工智能严重冲击教育和教学的今天，外语教育和教学的创新更要关注人与技术共生共存的关系，把培养有创新灵魂的人作为主要的教学目标。人工智能的潜力不可忽视，我们应顺势而为，应势而动，见招拆招，这样才能创新不止。

编辑部：秦老师，感谢您接受《外语教材研究》的专访，感谢您和您的编写团队为中国外语教育做出的卓越贡献！

秦秀白："新世纪大学英语系列教材"是上海外语教育出版社在新世纪和新时代打造的一套重要教材，凝聚着出版社的领导和各位编辑老师的事业心、使命感和敬业精神，没有他们的指导、支持与关怀我们是不可能取得成功的。作为教材的编者，我们应该衷心感谢他们；广大的教材使用者也应该感谢他们。

教材比较与开发专栏

　　教材是国家事权。党的二十大报告指出，要加强教材建设与管理。教材建设是国家的铸魂工程，亟须打造培根铸魂、启智增慧的高质量教材。在这一背景下，外语教材比较与开发研究有助于拓宽视野，推动教材建设。本专栏选取三位青年学者的文章，分别从中韩高中教材对比、师范生英语专业教材编写、大学英语法律模块开发等维度进行探索，以丰富该领域研究。

　　英语作为世界通用语言，是很多英语国家和非英语国家基础教育阶段的必修课。董娟的《中外英语教材比较研究的系统功能语言学路径——以中韩高中英语教材为例》基于系统功能语言学视角，以中韩高中英语教材为研究对象，从宏观、中观和微观三个层面构建层次化教材比较系统框架，对于丰富教材比较研究的理论体系，指导英语教材的编写、使用和评估具有一定的参考意义。

　　师范生英语专业教材是师范生学科知识的重要载体，学科能力和学科素养是教师教书育人的基础。雷曼的《新时代师范生英语专业教材编写研究》通过实证研究发现，师范生英语专业教材存在师范性特征不明显、延展性相对不足、系统性不强以及立体化相对滞后等问题。在教材编写中，可通过内容师范性策略，职前职后延展性策略、课前课后系统性策略和形态立体化等策略，进一步提升教材编写质量。

　　大学英语作为非英语专业学生在本科教育阶段必修的公共通识课程，在涉外法治人才培养中发挥着重要作用。赵双花的《大学英语教材二次开发中的法律模块建设研究》基于国家涉外法治人才培养需求，探讨在大学英语教材中融入法律英语模块，以培养学生的世界眼光、国际意识和跨文化交际能力。而中华优秀法律文化的融入有利于加强学生对中华文化的价值认同，增强其民族自豪感。

　　这三篇论文对于丰富外语教材编写研究，推动外语教材编写实践有借鉴价值，也有助于一线外语教师在理论探索的基础上深化实践研究，构建立体化教材体系，提升外语人才培养质量。

——王雪梅

中外英语教材比较研究的系统功能语言学路径
——以中韩高中英语教材为例

董 娟

（上海理工大学，上海 200093）

提 要：不同国家的外语教材比较是外语教材研究领域的重要内容。本文以系统功能语言学为理论基础，构建层次化教材比较系统框架，并以中韩高中英语教材的比较分析为例，从宏观（教材总体编排、教材语篇语类）、中观（教材语篇语域、语篇语义）、微观（教材语篇词汇语法）三个层面阐释分析框架的运用，以期为教材编写和教材使用提供一定参考。

关键词：教材比较；系统功能语言学；层次化；中韩高中英语教材

Abstract: The comparative study of foreign language textbooks from different countries is an important part of foreign language textbook research. This paper proposes a systemic and stratified framework for comparative analysis of textbooks based on Systemic Functional Linguistics, and a case study is conducted within the framework by comparing the high school English textbooks in China and Korea at the macro level (textbook global arrangement and genres of textbook texts), the meso level (registers of textbook texts and discourse semantics), and the micro level (lexico-grammatical realization of textbook texts) in hope of providing certain reference for textbook development and application.

基金项目：上海外国语大学外语教材研究院教材研究项目"中韩高中英语教材对比研究——系统功能视角"（编号2022SH0012）；上海市教育科学研究项目"英语教材中生态文明教育多模态语篇建构研究"（编号C2023030）。

作者简介：董娟，博士，上海理工大学外语学院副教授，研究方向：系统功能语言学。

Key words: comparative study of textbooks; Systemic Functional Linguistics; stratification; high school English textbooks in China and Korea

1. 引　言

　　不同国家的外语教材比较是一项重要的国际比较研究。理论上，外语教学是一项国际化的事业，"教育政策决策者和外语教师都需要了解本国和本地区的外语教育政策以及教材在国际上的地位"（邹为诚 2020：1）。英语作为重要国际组织的官方语言，在诸多国家和地区学校教育中被列为必修课程。正因如此，不同国家或地区的英语教材比较研究也成为外语教学领域的关注点，它对提升外语教学质量、促进教育国际化交流具有重要意义。

　　目前，我国外语教材领域的研究主要涉及教材编写、使用、分析、评估、研发等方面（常畅，杨鲁新 2023）。虽然成果丰富，但其中有关教材比较研究的整体数量相对较少，研究内容主要集中在两方面：（1）基于教材内容分析，比较教材中的文化呈现或语用知识：如胡文仲（2006）对比了中美跨文化交际教材；史兴松和万文菁（2021）研究了两套中外商务英语教材的跨文化元素；张鹏（2023）从国家研究、公民教育研究和文化研究视角，比较了中外大学英语教材的文化呈现；Li *et al.*（2023）比较了中蒙两国初中英语教材中本族文化的多模态呈现；张虹等（2024）对比分析了中德两套高中英语教材中的文化呈现。（2）基于外语教学理论，比较教材中的具体语言技能板块或教学活动设计：任丹凤（2001）从单元标题、内容、词汇和语法等方面比较了中德初中英语教材；张杏玲（2013）探讨了英美原版和我国本土大学英语教材听力及口语训练等方面的差异；邹为诚（2020）对俄罗斯、巴西、法国、日本、韩国和中国等六国基础教育英语教材的教学活动难度进行了比较；陈则航等（2020）从思辨能力视角，对比了中德两套初中英语教材的阅读活动和问题设计；程晓堂和谢诗语（2023）对比分析了国内外8套初中英语教材中语法板块的设计；Peng *et al.*（2023）对中英小学英语教材中童谣板块的数量、分布和编写特点进行了对比研究。

中外英语教材的比较研究对于我国英语教材的编写、评估、使用具有指导作用，但相较于数学、物理、地理、科学等学科教材的区域国别比较研究，英语教材的比较研究在系统性方面仍存在显著缺口。当前教材比较研究虽大多依托社会文化理论、认知发展理论及二语习得理论框架，但其分析范式多停留在对教材的宏观文化内容或微观语言形式的单一维度，缺乏宏观语类结构（如教材整体框架设计）与微观词汇语法层面之间的关联研究，也鲜少关注中观层面语域特征（如情境语境），而微观层面主要聚焦词法句法的形式分析，对语篇语义系统的挖掘不足。有鉴于此，本文将基于系统功能语言学，建构系统的、贯通宏观、中观、微观不同层面的层次化教材比较分析框架，并以学制相似、文化背景相近的中韩两国高中英语教材为例，探讨教材比较研究的语言学路径，以期为教材编写和使用提供依据。

2. 基于系统功能语言学的教材比较分析框架

系统功能语言学最重要和最早的应用领域是语言教学（Halliday & Hasan 1985），Halliday（1994）认为功能语法的目的之一是为教学语篇分析提供一个理论框架，语言学习的总体目标是发展学生的意义潜势（Halliday 1978），并提出了"适用语言学"概念："一个全面的、理论上强大的语言模型。正因为全面而强大，能用来解决许多理论问题和实际问题。"（Halliday 2008：7）系统功能语言学是以问题为导向的理论（Halliday 2009），它能为应用和实践提供理论基础和完整条件。系统功能语言学的系统、层次、语境、功能等理论为其直接应用于实践奠定了基础，同时为从系统中选择、到功能结构中实现建立了一整套理论框架，而且应用涉及跨学科性（张德禄 2018）。因此，以系统功能语言学为理论基础构建教材比较分析框架具备可行性，功能语法为教材语篇分析提供了可操作的分析工具。

在系统功能语言学中，系统，即纵聚合关系，是"语言组织的基本原则"（Matthiessen & Halliday 2004：9）。语言是系统性的关系网络，意义的生成过程就是在系统中进行选择的过程。语言是一个层次化的系统，层次化是"按照符号的抽象程度，将语境中的语言有序置于次系统的整体维度"（Matthiessen *et al.* 2016: 205）。语境是处于语言之上的层次，包括文化语境（语类）和情景语境（语域）。语境控制着语言系统的语义层和词汇语法层，层次之间是元冗余实现关系，语义层由词汇语法层实现。

语类指"讲话者作为文化成员参与的有步骤、有目标、有目的的活动"（Martin 1984: 25），是重复出现的意义构型，能激活特定文化中的社会行为（Martin & Rose 2008）。教材中的语篇可以看作不同的语类。《普通高中英语课程标准（2017年版2020年修订）》指出学业质量水平的一项重要内容是学生能够"分析不同语篇类型的结构特征和语言特点"。不同的语类有其独特的语类结构潜势，词汇语法实现形式也不同，因此，教材编写要考虑语篇语类的丰富性和均衡性。语域是语言交际发生的特定情景语境，包含语场、语旨和语式三个变量：语场指交际的内容或主题，语旨是交际者之间的关系，语式是语言在交际中的作用。语类由语域的语境配置体现，通过语言使用，语域变量不断复现，最终成为特定文化中的典型语境，而语言使用也随之"惯常化"，从而产生语类。对于教材语篇而言，语场是语篇的主题或话题，语旨是语篇作者与读者的关系，语式是以书面模式为主的多模态呈现。

元功能，即元意义，是意义的模式，最基本的是经验功能（意义作为对外部世界和内心世界的识解）和人际功能（意义作为交际者角色和关系的激活），这两大功能通过语篇功能来实现。同时，逻辑功能（语言对两个或两个以上意义单位之间逻辑关系的表达）与经验功能意义共同构成概念功能。概念、人际、语篇三大元意义分别由词汇语法层的及物性、语气情态、主位系统实现，并分别对应语域的三个变量（Halliday & Matthiessen 2004）。

教材比较分析可将以上系统功能语言学的概念纳入整体系统，采取"自上而下"（从语境到语义）和"自下而上"（从词汇语法到语义）的互补视角，从宏观、中观、微观三个密切相关的层面进行（见图1），层次之间是实现关系，由斜箭头表示。教材比较分析过程也是一个在系统中随着精密度增加，逐步选择的过程。进行教材比较，首先要确定比较的方面或层面，相当于系统中的子系统，而每个子系统又可以包含精密度更高的次级系统。教材中的内容都可作为语篇进行处理，语篇是社会文化语境的产物，任何语篇都反映一定的社会意图和文化特征（Halliday & Hasan 1985）。

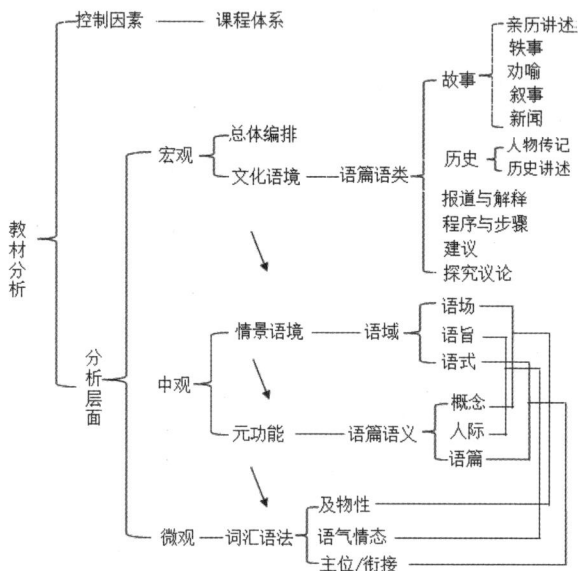

图1 层次化教材比较基本框架

基于层次化教材比较基本框架，宏观层面的教材比较包括教材的总体编排和文化语境（教材语篇语类），语类又包含子系统。Martin & Rose（2008）归纳了英语读写教材语篇的语类，包括故事、历史、报道说明、步骤程序等四大类，其中，故事涵盖以下次语类：记述个人经历的亲身经历讲述、与读者分享事件情感反应的轶事、与读者分享价值判断的劝喻故事、与读者分享个人欣赏态度的观察、情节复杂的记叙以及新闻故事；历史包括人物传记和历史讲述。Matthiessen（2015：6）概括了阐释、报道、娱乐、分享、行事、推荐、使能、探究等"社会—意义过程"，与Martin & Rose（2008）的分类有一定对应性。Martin & Rose（2008）的语类划分主要限于意义过程，不包含"行事"以及可引起交际者行为的"推荐"活动，而"探究"类活动并不局限于对历史事件的阐释讨论，也应包括对现实事件的观点。因此，整合Matthiessen（2015）与Martin & Rose（2008）的观点，本框架归纳出故事、历史、报道与解释类、程序与步骤描述、建议、探究议论等六种宏观语类用于教材比较分析，其中故事类包括亲身经历讲述、轶事、劝喻故事、叙事、新闻故事等次语类，历史包括人物传记和历史讲述两个次语类。

中观层面的比较涉及情景语境（语域）和元功能（语篇语义）两个子系统，语域的三个变量语场、语旨、语式分别对应概念、人际、语篇三大元意义。微观层面的比较侧重于教材语篇语义的词汇语法实现，可根据研究目的，选取某项元功能进行深入探讨。比如，比较教材语篇的概念意义，要通过词汇语法层的及物性分析实现。

综上，本研究基于系统功能语言学理论，建构了一个教材比较分析的基本框架，具体操作时可进一步扩展其精密度。及物性、语气情态、主位等本身都是复杂的词汇语法系统，含有更细化的子系统。比如，教材语篇涉及广泛的语场，比较分析时可先比较不同教材的语场类别、分布，再进一步对同一语场的语篇从词汇语法实现形式上进行比较，从而揭示语篇语义的异同。下文将依据本框架，对中韩高中英语教材进行比较分析。

3. 中外教材比较案例分析

中韩两国同属亚洲国家，英语教学体系相似，高中学段是从基础教育向高等教育过渡的重要阶段。本文选取两国高质量高中英语教材为研究对象：上海外语教育出版社2020年出版的普通高中教材《英语》，含3册必修教材和4册选择性必修教材，以及韩国YBM出版社2022年出版的高中英语教材，包括2册必修教材（High School English I、High School English II）和选择性必修教材High School English Reading and Writing。两套教材都在本国经济发达、学生英语水平较高的地区使用，体量相当，可比性强。

本部分将对所选教材从宏观（总体编排、语篇语类）、中观（语场、概念元功能）、微观（及物性分析）三个层面进行比较。首先比较两国教材总体编排上的异同，按照框架中的语类子系统，比较两国教材的语类类型；中观和微观层面，限于篇幅，以中观子系统的语场和概念元功能、微观子系统的及物性分析为例，先总体比较两国教材在语场上的异同，再聚焦占比较大的自然生态语场语篇，通过词汇语法的及物性分析，探讨概念元功能实现的异同。微观层面的词汇语法比较采用语料分析软件UAM Corpus Tool 6进行标注与统计。建立中国和韩国高中英语教材两个小型语料库，逐一扫描10本教材，使用ABBYY FineReader将所有文件转成Word格式，处理成纯文本格式，逐一编号，导入标注软件。标注系统的建立将结合具体内容在下文介绍。

3.1 宏观层面比较

3.1.1 教材总体编排

总体而言，两国教材的基本组成相似，但每部分呈现的具体内容有差异；两国教材都遵循单元大观念，单元模块围绕单元大观念展开，融合"从观念到实践""从微观到宏观"的编排逻辑顺序，但在主体单元内容的设置上有所不同。

两国教材都包含介绍、主体、附录三部分。我国教材的介绍部分相对简洁，仅包括展示单元主题和培养目标的英文目录、编者给学生的导学信；韩国教材介绍部分的信息量更大，包括展示教材特色的前言、图文结合的目录、"范围和顺序"（介绍单元主题、交际功能和任务）、引言（每单元内容和学习要点）。我国7册教材的主体部分都由四大主题单元组成，每单元包括理解（阅读文本、听力材料和视频片段）、发现、表达、拓展四大板块，每单元的两篇课文篇幅相当；韩国教材每册包含六个单元和一个特别主题单元，每单元以长篇幅课文为主，短课文为辅；两国教材语篇词数相当。我国教材的附录主要包括语法术语表和词汇表，韩国教材则提供了听力材料原文、练习答案以及阅读文章、文化知识、照片的出处来源，便于学生自主学习。

两国教材的主体单元内容设置差异较大，我国教材依照理解、发现、产出、拓展的顺序，先安排阅读课文，围绕课文内容进行视听练习，巩固词汇和语法，再进行口语和写作产出训练，最后是批判性思维训练和自主、合作学习拓展。单元中间穿插阅读和听力策略、文化板块，单元最后是自我评价，检测学习成效。韩国教材则以口语交际活动导入，在课文阅读的基础上，进行语法结构和写作训练，最后是合作学习和文化链接。我国教材响应《普通高中英语课程标准（2017年版2020年修订）》提出的由主题语境、语篇类型、语言类型、语言知识、文化知识、语言技能和学习策略等六要素构成的课程内容以及指向学科核心素养发展的英语学习活动观。韩国的高中英语课程目标强调沟通能力、跨文化理解、批判性思维，为大学升学或职业发展打下语言基础。

3.1.2 教材语篇语类

两国教材的语篇语类在类型、均衡性、过渡性方面均有差异。表1呈现了两国教材课文语篇的语类统计。可以看出，我国教材语篇语类丰富、分布均衡，涵盖所有宏观语类和次语类，而韩国教材在语篇语类的全面性和均衡性方面有所欠缺，程序步骤类、故事类中的"亲身经历讲述"和"劝喻故事"以及历史类中的"人物传记"等语类缺失。两国教材的主导语类差异明显。我国教材中的故事语类占比最大（51.79%），其次为解释说明类（21.43%），而韩国教材的语篇语类侧重于解释说明语类，占比高达55.88%，故事类与历史类语篇仅占14.71%和14.70%；韩国教材中的建议类语篇（11.77%）高于我国教材（7.14%）。

表1 中韩教材语篇的语类

语类		我国教材篇数及占比（%）	韩国教材篇数及占比（%）
故事	亲身经历讲述	17（30.36%）	0
	轶事	2（3.57%）	1（2.94%）
	劝喻故事	1（1.79%）	0
	叙事	8（14.28%）	4（11.77%）
	新闻	1（1.79%）	0
	（总）	29（51.79%）	5（14.71%）

语类		我国教材篇数及占比（％）	韩国教材篇数及占比（％）
历史	人物传记	4 (7.14%)	0
	历史讲述	1 (1.79%)	5 (14.70%)
	（总）	5 (8.92%)	5 (14.70%)
解释说明		12 (21.43%)	19 (55.88%)
程序步骤		3 (5.36%)	0
建议		4 (7.14%)	4 (11.77%)
探究议论		3 (5.36%)	1 (2.94%)

　　"故事是所有文化中的中心语类，在几乎所有可以想象的情景和生活中以某种形式呈现"（Martin & Rose 2008：49）。英语教材兼具工具性和人文性，故事类语篇在提升学生语言水平的同时，有助于培养学生的人文情怀。我国教材囊括了故事类的所有次语类，能增强学生的语类意识，帮助学生了解不同语类的结构潜势。其中，"亲身经历讲述"占比最大（30.36%），以第一人称的视角讲述贴近学生生活的校园或社会故事，能引起学生共情。例如，必修一Unit 2课文"My Experience with American English"讲述"我"十岁去美国探亲时发现了美式英语与"我"所学英语的诸多不同，通过亲身经历明白了同一种语言在不同地域上的使用区别，发现了学习语言的乐趣。课文以亲身经历的故事展开，符合中学生认知，比直接阐释文化和语言差异更易于接受，传授语言文化知识的同时，更能增强学生语言学习过程中的文化意识。而韩国教材中仅有5篇（14.71%）故事类课文，第一人称"亲身经历讲述"为零，只有一篇分享情感反应的轶事，另外4篇均为文学欣赏性的叙事语篇。总体而言，韩国教材中的故事类语篇偏少，忽略了这一语类的语用和教育功能。

　　解释说明类是我国教材语篇的第二大主导语类，通过提供实证研究及事实，阐释科学现象，传递知识信息，有助于提升学生的学术意识。如，必修三Unit 3课文"Classic Health Debate"依据科学研究成果，介绍健康生活行为。韩国教材中的解释说明类语篇是主体，基本围绕"是什么""为什么"阐释概念或现象，如第一册Unit 4课文"Understanding the Sharing Economy"通过实例解释什么是共享经济，这类语篇具备一定学术性。

几乎所有语篇都涉及两种以上语类或语类元素的混合（Hasan 2016）。中韩教材语篇也都包含典型的语类混合，尤其是解释说明与程序步骤、建议类的混合。例如我国教材选修三Unit 1课文"Stress"和"Anxiety and Teens"都是先阐释压力、焦虑现象，再指导学生如何对抗压力，包含解释说明和程序步骤两个语类。韩国教材第三册Unit 7课文"The Trouble with E-Waste"则混合了故事、解释说明和探究议论三种语类，先用一个人物故事导入，然后解释什么是电子垃圾，再讨论发达国家处理电子垃圾方式的后果。混合语篇有助于学生思维拓展，避免单一语类过度复现，实现语篇的丰富性和交际目的多样性。

除了整套教材的总体比较，研究还对分册教材进行统计，能看出教材难度从低年级向高年级的过渡情况。由表2可见，我国教材在语类选择的过渡性上较好，前四册侧重故事类（19篇），尤其是"亲身经历讲述"（14篇），后三册过渡到学术性较强的解释说明类（10篇），由易到难，符合中学生的认知规律。而韩国教材的过渡性不明显，解释说明类（9篇）在二年级教材中跨越式增多，分册教材缺乏连续性和均衡性。

表2 教材语篇语类分册统计

语类		我国教材篇数							韩国教材篇数		
		必一	必二	必三	选一	选二	选三	选四	一	二	三
故事	亲身经历讲述	4	3	3	4	0	1	2	0	0	0
	轶事	0	1	0	1	0	0	0	0	0	1
	劝喻故事	0	0	0	0	1	0	0	0	0	0
	叙事	1	1	0	0	2	1	3	1	1	2
	新闻	0	0	1	0	0	0	0	0	0	0

语类		我国教材篇数							韩国教材篇数		
		必一	必二	必三	选一	选二	选三	选四	一	二	三
历史	人物传记	0	0	2	1	0	0	0	0	0	0
	历史讲述	0	0	0	0	1	1	0	1	3	1
解释说明		2	1	1	1	2	5	3	3	9	6
程序步骤		0	0	0	0	0	0	0	0	0	0
建议		1	0	1	0	0	0	0	1	0	1
探究议论		0	2	0	1	1	0	0	1	0	2

3.2 中观层面比较

两国教材在语篇语场选择上总体比较一致，但也各有特色。我国教材涉及28个语场，韩国教材有26个语场。两国教材有14个共有语场：对抗压力、饮食与文化、经济、探索未知、生态保护、事故灾害、科技、慈善助人、艺术与艺术家、文化遗产遗迹、自然、动物、成功成就、学习与成长等。我国教材独有的语场包括：校园生活、语言与文化、习俗与传统、体育运动、健康生活方式、探险、科学家、语言与思维、珍视友谊、有效交流、阅读经典。韩国教材独有的语场涉及产品广告植入、生活目标、城市发展、行为（哭泣）、眼睛与心灵、性别歧视与平等、人权运动、食物链。共有语场体现出两国文化的共性，独有语场则与社会文化和学生培养目标差异有关。

如前所述，语场在分析框架中既是语域子系统的条目，也是精密度可以拓展的系统，而语场子系统中的各项条目又可进一步细化。"系统"这一语言的重要维度，贯穿研究的各个层面。比如，自然生态是两国教材中重要的语场，我国教材中有17篇涉及自然生态语场的语篇，占语篇总数的30.36%；韩国教材中有14篇自然生态语篇，占比高达41.18%。单从语篇数量上，难以看出两国教材同语场语篇的实质性差异，因此，需要拓展生态语场系统（见图2）：该系统包含生态因子和生态关系两个次级语场系统，生态因子又分为生物（植物、动物）和环境（地球环境、宇宙环境、人造景观），生态关系分为人与生物、人与环境、生物之间、生物与环境。

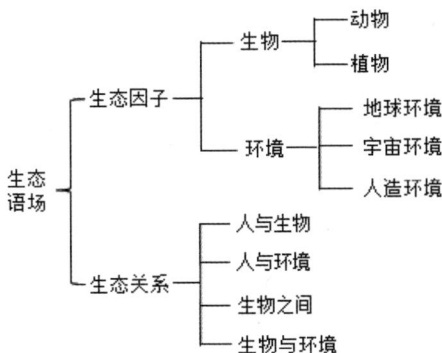

图2 自然生态语场系统

次级语场的统计结果（见表3、表4）显示，我国教材中没有单纯以动植物为语场的语篇，也没有关涉宇宙环境的语篇；韩国教材缺少以人与植物、地球环境为语场的语篇。两国教材都重视人与环境的关系，该语场的语篇数量占比均在50%及以上，两国教材都向学生传递人是自然的一部分、人类行为影响环境的生态观，但韩国教材更关注人造景观，我国教材更注重地球自然环境。因此，通过拓展的语场系统，对两国教材的同语场语篇进行比较，有助于考察教材选材的适切性；即便是同语场的语篇，侧重点不同，传达的概念意义也不同。鉴于层次之间的实现关系，语篇语义由词汇语法层实现，这些生态语场语篇在概念意义上的异同需进一步通过词汇语法微观层面的比较来寻找依据。

表3 我国教材生态语篇语场类别

生态语场	生态因子		生态关系			
	地球环境	人造景观	人与动物	人与植物	人与环境	生物之间
数量/占比	3/15.79%	1/5.26%	3/15.79%	1/5.26%	8/52.64%	1/5.26%

表4 韩国教材生态语篇语场类别

生态语场	生态因子			生态关系		
	生物	环境		人与动物	人与环境	生物之间
	动物	宇宙环境	人造景观			
数量/占比	1/6.56%	1/6.56%	3/16.66%	3/16.66%	9/50.00%	1/6.56%

3.3 微观层面比较

    基于分析框架，本文在微观层面通过词汇语法层的及物性系统分析，进一步比较两国教材中生态语场语篇概念意义的异同。语篇小句的及物性语法分析包括过程、参与者、环境成分等功能成分，本文运用UAM Corpus Tool 6，自建及物性过程标注系统（见图3），呈现生态语场语篇小句的过程类型和生态特征，并对标注结果进行多次反复查验。标注系统包括类型、主导、生态倾向三个次级系统。过程类型分为物质、心理、关系（属性类和识别类）、行为、言语、存在等六大类；过程由自然或人类主导，自然又分为生物体和环境；过程的生态倾向分为有益性、模糊性和破坏性。

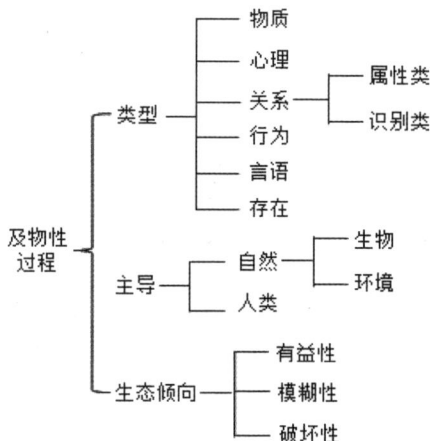

图3 生态语篇及物性标注系统

    分析结果（见表5）表明，两国教材生态语篇的小句过程类型都以物质过程和关系过程为主，物质过程占比最高（分别为59.81%、53.60%），关系过程次之（分别为26.08%、31.57%）。但我国教材中的物质过程占比高于韩国教材，而韩国教材中的关系过程多于我国教材，尤其是识别类关系过程居多，这与韩国教材中解释说明类语篇居多有关。

表5 两国教材生态语篇过程类型和生态特征比较

特征			我国教材（占比）		韩国教材（占比）	
过程类型	物质		59.81%		53.60%	
	心理		9.81%		7.63%	
	关系	属性类	26.08%	14.84%	31.57%	13.77%
		识别类		11.24%		17.80%
	行为		1.44%		2.54%	
	言语		0.24%		3.18%	
	存在		2.63%		1.48%	
主导	自然	生物	60.05%	18.90%	42.80%	22.67%
		环境		41.15%		20.13%
	人类		39.71%		56.99%	
	共同		0.24%		0.21%	
生态倾向	有益		59.57%		57.20%	
	模糊		40.43%		42.79%	
	破坏		0.00%		0.00%	

我国教材中以自然为主导的过程（60.05%）明显多于韩国教材（42.80%），韩国教材中人类主导的过程居多（56.99%）。我国教材体现出对于自然的尊重，自然生态的变化对人类的影响；韩国教材则偏重人类行为对环境的影响。以下结合具体课文语篇小句进行分析示例：

（1）Many cities will be drowned (物质过程), and much of the most productive farming land of the world will be lost (物质过程). (中－选必修-Book3-Unit4A)

（2）Wildfires can be (关系过程：属性) both natural and man-made. They spread (物质过程) at an amazing speed and destroy (物质过程) everything in their way. (中－选必修-Book2-Unit4B)

（3）By <u>cleaning up</u>（物质过程）rubbish you <u>are protecting</u>（物质过程）the ocean environment and the animals that live there.（中-选必修-Book3-Unit4B）

（4）As individuals, we <u>can</u> also <u>help</u>（物质过程）<u>save</u>（物质过程）bees. We <u>can plant</u>（物质过程）flowers in our gardens that are helpful for bees and <u>try not to contaminate</u>（物质过程）these flowers with pesticides.（韩-Book2-Unit5A）

例（1）有两个自然主导的物质过程，二氧化碳排放导致气候变暖，从而致使海平面升高，施事者"不断升高的海平面"省略，通过城市被淹、农田尽失的后果警示人类关注个人行为和环境变化。例（2）也是自然（wildfires）主导的过程，运用关系过程说明其属性，随后两个物质过程说明其威力，唤起人类对自然的敬畏。例（3）和例（4）都是人类主导的行为，you和we是物质过程的动作者，实施clear up、protect、help、save、plant、not to contaminate等生态有益性行为，实现人与自然和谐共生的生态意义。

教材具备教育功能，两国教材都以生态有益性话语为主（分别占比59.57%、57.20%），其次为陈述客观事实的生态模糊性话语，不存在生态破坏性话语。对于语篇小句生态倾向的判断，不以评价性词汇的本义为判断依据，而是整体衡量其生态意义。如例（5）中decrease一词本身虽具有否定的评价意义，但整个小句通过运用有标记主位，将灰鲸数量减少的原因作为信息出发点，呼吁人类保护动物的行为，因此不具备生态破坏性。

（5）Due to excessive hunting, by the early 1900s, the number of gray whales <u>had decreased</u>（物质过程）to fewer than 2,000 individuals.（韩-Book3-Unit5B）

通过"自下而上"的视角，词汇语法层的精细分析能有效揭示语篇意义的实现路径。具备生态教育意义的教材语篇既应展示自然的威力和生态现状，也应提倡人类群体和个体的生态有益性行为，抵制生态破坏性行为。以我国教材选择性必修第三册Unit 4的课文为例，现有文本仅说明了二氧化碳对大气和地球环境造成的危害，若能进一步补充我国在"碳达峰""碳中和"方面的努力和成效，将自然主导和人类主导的过程结合起来，将会更有利于引导学生形成积极的生态行为。因此，微观层面的词汇语法分析对于教材编写具有一定意义，教材内容遴选不仅要考虑语类和语场的合理分布、语言的难易度等因素，也要参照备选材料的语篇语义及其词汇语法实现，从而达到育人的根本目的。

4. 结　语

本文基于系统功能语言学的系统、层次化、语境和元功能等理论，构建了一个涵盖宏观、中观、微观三个层面的教材比较分析框架，采用"自上而下"和"自下而上"的互补视角，突破了以往研究中宏观和微观层面容易割裂的局限。该框架具有高度的灵活性，可依据实际研究需要调整系统的精密度，选择性地保留或删减子系统和条目，支持整体比较或局部比较。尤其是通过功能语法工具对词汇语法层的分析，能深入揭示比较教材语篇的语义实现机制，而不仅仅停留在语言形式的表层。

依据该框架，本文对中韩高中英语教材进行了多层次的比较分析。研究发现，两国教材的主体单元内容设置不同，我国教材以阅读输入为切入点，韩国教材则以口语输出为突破口。两国教材的语篇语类有较大差异：我国教材以故事类为主，凸显人文性；而韩国教材侧重于解释说明类，体现工具性。在语场选择上，两国教材较为相似，但对教材中生态语场语篇的及物性比较分析揭示了同语场语篇在概念意义实现上的差异。

基于以上研究结果，本文提出以下教材编写的建议：教材编写应根据学生的语言和认知水平动态调整各类语篇语类的比例。随着年级提升，应逐步降低故事类语篇的占比，增加解释说明类等学术性较强的语篇，以更好地衔接高学段的学术英语课程；同时，建议将词汇语法微观层面的分析纳入教材选材参考，弥补仅依赖语类和语场分析难以全面揭示语篇意义实现模式的不足。未来研究可在本研究的基础上，运用系统功能语言学路径开展中外英语教材比较研究，为教材编写和使用提供科学参考，助力教材设计更符合语言学习与教学的实际需求。

参考文献

[1] Halliday M A K. *Language as Social Semiotic: The Social Interpretation of Language and Meaning* [M]. London: Edward Arnold, 1978.

[2] Halliday M A K. *An Introduction to Functional Grammar* (2nd Ed.) [M]. London: Edward Arnold, 1994.

[3] Halliday M A K. Working with Meaning: Towards an Appliable Linguistics [A]. In Webster J (ed.). *Meaning in Context: Implementing Intelligent Applications of Language Studies* [C]. London: Continuum, 2008. 7–23.

[4] Halliday M A K. Methods-techniques-problems [A]. In Halliday M A K & Webster J (eds.). *Continuum Companion to Systemic Functional Linguistics* [C]. London: Continuum, 2009. 59–86.

[5] Halliday M A K & Hasan R. *Language, Context, and Text: Aspects of Language in a Social-semiotic Perspective* [M]. Geelong Vic.: Deakin University Press, 1985.

[6] Halliday M A K & Matthiessen C M I M. *Construing Experience Through Meaning: A Language-based Approach to Cognition* [M]. London: Cassell, 1999.

[7] Halliday M A K & Matthiessen C M I M. *An Introduction to Functional Grammar* (3rd Ed.) [M]. London: Edward Arnold, 2004.

[8] Hasan R. In the nature of language: Reflections on permeability and hybridity [A]. In Miller D R & Bayley P (eds.). *Hybridity in Systemic Functional Linguistics: Grammar, Text and Discursive Context* [C]. Sheffield & Bristol: Equinox, 2016. 337–383.

[9] Li Z T, Zeng J Y & Nam B H. A comparative analysis of multimodal native cultural content in English-language textbooks in China and Mongolia [J]. *SAGE Open*, 2023, 13(2). https://doi.org/10.1177/21582440231178195.

[10] Martin J R. Language, Register and Genre [A]. In Christie F (ed.). *Children Writing: A reader* [C]. Geelong, Vic.: Deakin University Press, 1984. 21–29.

[11] Martin J R & Rose D. *Genre Relations: Mapping Culture* [M]. London: Equinox, 2008.

[12] Matthiessen C M I M. Register in the round: Registerial cartography [J]. *Functional Linguistics*, 2015, 2(1): 1–48.

[13] Matthiessen C M I M, Teruya K & Lin W J. *Key Terms in Systemic Functional Linguistics* [M]. Beijing: Foreign Language Teaching and Research Press, 2016.

[14] Peng M, Shi Y Y & Zhang P. ELT coursebooks for primary school learners: A comparative analysis of songs [J]. *Language Teaching for Young Learners*, 2023, 5(1): 59–84.

[15] 常畅，杨鲁新. 我国英语教材研究60年述评——基于CiteSpace知识图谱的可视化分析[J]. 外语界，2023，(1)：76–83.

[16] 陈则航，邹敏，苏晓俐. 中学英语教材阅读中的思辨能力培养：基于中德两套教材的对比[J]. 外语教育研究前沿，2020，3 (3)：49–56，92.

[17] 程晓堂，谢诗语. 中外英语教材中语法板块的对比研究[J]. 英语学习，2023，(6)：4–10.

[18] 胡文仲. 跨文化交际课教学内容与方法之探讨[J]. 中国外语，2006，(6)：4–8，37.

[19] 任丹凤. 中德英语教科书之比较与启示[J]. 上海教育，2001，(24)：62–64.

[20] 史兴松,万文菁. 中外商务英语教材跨文化元素对比分析[J]. 外语教育研究前沿，2021，4 (2)：50–56，91.

[21] 张德禄. 系统功能语言学60年发展趋势探索[J]. 外语教学与研究，2018，50 (1)：37–48，160.

[22] 张虹，常文哲，苏晓俐. 中德英语教材文化呈现比较研究[J]. 外语研究，2024，41 (2)：72–79.

[23] 张鹏. 中外大学英语教材文化呈现比较研究[J]. 外语学刊，2023，(4)：67–74.

[24] 张杏玲. 原版英语教材和本土教材的比较研究——以大学英语教材为例[J]. 科技与出版，2013，(6)：129–132.

[25] 中华人民共和国教育部. 普通高中英语课程标准（2017年版2020年修订）[M]. 北京：人民教育出版社，2020.

[26] 邹为诚. 基础教育英语教材国际比较研究[M]. 南宁：广西教育出版社，2020.

新时代师范生英语专业教材编写研究

雷 曼

（上海师范大学，上海 200234）

提　要： 新时代师范生英语专业教材的编写研究具有重要意义。本文通过问卷调研了师范生对所使用的英语专业教材的评价，发现教材存在师范性特征不突出、内容延展性不足、系统性薄弱以及立体化建设滞后等问题。在此基础上，本文提出了师范生英语专业教材的编写原则，并探讨了新时代背景下教材编写的策略，以期为师范生英语专业教材建设提供理论与实践参考。

关键词： 新时代；师范生；英语专业；教材编写

Abstract: The study on textbook development for English teacher education in the new era is of great significance. This paper investigates student teachers' evaluations of the English textbooks they use through a questionnaire survey. The results indicate that the textbooks have problems such as unclear teacher education characteristics, relatively insufficient extensibility, weak systematicity, and relatively lagging three-dimensional development. On this basis, the paper proposes key principles for textbook development for English teacher education, and explores relevant strategies with the purpose of providing insights for the development of English textbooks for student teachers in the future.

Key words: new era; student teacher; English major; textbooks compilation

基金项目： 上海外国语大学外语教材研究院2023年外语教材研究项目"新时代师范生专业英语教材编写理念与路径研究"（编号2023SH0015）；国家教材建设重点研究基地2023年度教育部规划项目"大学英语教材中的中华优秀文化融入方式、效果与路径研究"（编号2023GH-ZDI-GJ-Y-02）。

作者简介： 雷曼，博士，上海师范大学外国语学院讲师，硕士生导师，研究方向：外语教育与外语教师教育。

1. 引　言

党的二十大报告明确提出要加强教材建设与管理。《关于弘扬教育家精神 加强新时代高素质专业化教师队伍建设的意见》强调教育家精神引领，提升教师教书育人能力，强化高素质教师培养供给，健全中国特色教师教育体系。在此背景下，提高人才培养质量，师范教育是根基所在。《新时代基础教育强师计划》的实施框架下，师范生教材的学术性与实践性融合问题成为教育改革的重要议题，有必要对其进行深入研究。

当前高校英语教材研究主要聚焦于"英语教材编写理念"（王雪梅2012；孙有中 2021；徐锦芬 2023；邓世平 2023）、"英语教材分析与评价"（李民，余中秋 2020；张虹等 2021；Zhang et al. 2024）以及"英语教材使用"（徐锦芬，范玉梅 2017；苏芳，杨鲁新 2024）等方面，为教材建设提供了较为系统的理论支撑。然而，现有研究对师范生英语专业教材编写关注度明显不足，尤其对师范专业外语教材的学科属性与功能需求缺乏系统性探讨。多数研究仍聚焦于通用语言能力培养。陆道坤和张梦瑶（2023）认为，师范专业现有教材普遍存在"学术性与师范性割裂""真实教学场景还原不足""反思性实践模块缺失"等结构性问题，而张佳伟和卢乃桂（2023）则指出，过度的学术化倾向导致师范生"教学转化能力"培养的低效困境，暴露出教材建设与教师教育目标之间的深层张力。

本研究旨在通过问卷调研，分析当前师范生对现有英语专业教材的评价，并基于调研提出相应编写策略，以契合新时代英语师范生职业发展的实际需求，也为下一步师范生英语专业教材建设提供参考借鉴。

2. 师范生英语专业教材情况调研

2.1 研究对象

为了解师范生对所使用英语专业教材的评价与建议，笔者于2024年对上海某师范类高校已完成教育实习的英语师范专业大四学生以及入职三年内的英语师范毕业生进行了问卷调研。

2.2 问卷设计

问卷由三部分组成。第一部分聚焦于对教材的综合评价，问题设计基于教师必备专业知识（Shulman 1987；徐锦芬等 2014；姜霞，王雪梅 2016）以及Cunningsworth（1995）的评价清单，包括7个题项。第二部分关注师范生对理想英语专业教材的期望，包括15个题项，旨在探究师范生对于教材主题、学习方式以及教材形态的偏好。第三部分为开放式问题，包括"您认为您正在使用的英语专业教材存在什么问题？有何对策建议？"等问题。

2.3 数据收集与分析

笔者共发放问卷778份，回收有效问卷687份（有效回收率为88.3%），问卷信度Cronbach's α=0.894>0.8，效度KMO=0.882>0.8。定量数据采用SPSS 22.0软件进行统计分析，质性数据采用NVivo 12进行三级编码分析。质性数据的分析重点关注开放式问题的回答，通过编码提取关键主题和频次，以确保数据的可靠性和有效性。

2.4 调研结果

2.4.1 师范生对教材的评价

我们对被试在不同维度中选择"完全同意"和"比较同意"的比例进行了统计（见表1）。结果显示，73.8%的被试认同"教材提供了丰富的英语学科知识"，这表明师范生普遍认为教材能够基本满足其对于英语学科本体性知识提升的需求。在评价教材中所涵盖的实践知识时，仅15%的被试认可"教材提供了丰富的英语教学原则和教学策略知识"，可见师范生高度重视教材中的教学内容知识的体现。正如Graves（2019）所指出的，教师在评价其所用教材时，其关注点往往会从编写原则等理念层面转移到更加有形的操作层面，即教和学的内容本身。在评价教材中所体现的条件知识（教育学和心理学知识）方面，19%的被试认同

"教材提供了丰富的教育学和心理学知识"，20.7%的被试认可"教材有助于教师职业道德的培养"，16.2%的被试认同"教材有助于树立教师职业价值观"。这些数据表明，尽管教材在一定程度上涉及此类知识，但其深度与广度尚不能满足师范生对于教育理论与专业特色的理解需求。在（跨）文化知识方面，49%的被试认可"教材提供了丰富的（跨）文化知识"。而在通识百科知识领域，高达85.9%的被试认同"教材提供了丰富的百科知识（如政治、历史、科技、艺术、经济等）"，这一比例显著高于学科知识、实践知识及条件知识的认同比例。这一结果表明，师范生对教材所提供的通识百科知识给予了较为积极的评价，但同时他们也认为此类知识的丰富程度远高于专业知识。

表1 师范生对所使用英语专业教材的评价

题 项	非常同意	同意	不确定	不同意	非常不同意
1. 教材提供了丰富的英语学科知识。	16.9%	56.9%	10%	6.4%	9.8%
2. 教材提供了丰富的英语教学原则和教学策略知识。	2.2%	12.8%	18.3%	40.2%	26.5%
3. 教材提供了丰富的教育学和心理学知识。	2.7%	16.3%	17%	40.8%	23.2%
4. 教材有助于教师职业道德的培养。	3.2%	17.5%	19.5%	37%	22.8%
5. 教材有助于树立教师职业价值观。	2.2%	14%	20.4%	39.1%	14.1%
6. 教材提供了丰富的（跨）文化知识。	17.9%	31.1%	29.3%	12.5%	9.2%
7. 教材提供了丰富的百科知识。	27.5%	58.4%	7.4%	4.7%	2.0%

2.4.2 师范生理想的教材特征

在师范生理想的教材主题内容方面，按照所选百分比的降序排列依次为：教学活动设计（84.4%）、教学案例解读（82.8%）、教学策略与课堂行为管理（71.9%）、优秀英语教师的发展路径（68%）、入学教育活动设计（57.9%）、教研活动开展（50.9%）、中西方文化/跨文化交际（49.1%）、师生交流/家校沟通（46.0%）、教师专业发展与自我学习（42.9%）、师生评价（38.0%）、外语习得与学习动机（24.1%）、语言习得的最新成果（20.9%）。可见，选择外语习得与学习动机、语言习得主题的占比最少，其他大多数选项都有超过1/3的被试选择。这说明师范生对于理论性较强、缺乏实践支撑的外语习得内容兴趣可能不高，更倾向于与实际教学场景紧密相连的知识。除了学科教学、课堂实践、教育心理等专业知识的引入，调研发现师范生对案例学习的兴趣很大。教学案例解读、优秀教师的成长路径以及教学策略与课堂行为管理等都属于案例研究的方法，均被师范生高度认可，这进一步表明案例学习作为一种教师教育手段的有效性与重要性。

就教材的学习方式而言，排名前三的分别是：教研录像分析+情境操练（78.9%）、概念解释+课堂讨论（60.1%）以及案例设计+课堂展示（52.7%）。这充分显示出师范生急需一种将教与学并重的学习方式，以促进其"教师学习者"身份的形成。在教材形态的偏好上，排名前三的依次为：教研录像视频（73.1%）、国内外教学案例（68.0%）、纸质材料（62.0%）。由此可见，传统的纸质教材呈现方式已难以满足师范生的需求，而立体化的教材与多元情境式的学习方式则更有利于提升教学效果。

2.4.3 教材现存问题及对策建议

调研中，有354位教师回答了开放式问题："您认为您正在使用的英语专业教材存在什么问题？有何对策建议？"其中22位教师回答所用教材无问题（6.2%），332位教师认为教材存在问题（93.8%）。运用NVivo 软件对教师反馈的问题进行编码与统计，结果显示师范生所用教材存在的问题按频次从高到低依次为：教材的师范性特征不突出（236，71.1%）、教材的职后指导性欠佳（129，38.9%）、教材的系统性不强（52，15.7%）、教材的立体化滞后（43，13.0%）。这反映出师范生对教材的高度关注与强烈的改革意愿，教材的优化仍有很大空间。下文将依据提出问题的频次，逐一进行详细阐述。根据研究伦理，每位被试均被赋予一个代码，如ST1代表Student teacher 1。

首先，教材的师范性特征不突出。师范生普遍认为这些教材较为"通用"，缺乏针对其特定专业需求的内容，例如"教材并未紧密关联我所必需的师范生专业知识"（ST3），"与普通英语专业教材相比，并未充分展现出师范生的专业性"（ST32），以及"在面试学校教师工作时，我们并未在英语教学能力上显著优于非师范生，这反映出我们在专业知识和技能上的不足"（ST158）。针对此问题，师范生提出了改进建议，如"教材应更加凸显师范生的身份特征"（ST224），"纳入更多教师职业所需的专业知识，帮助我们明确作为未来教师的职责与任务"（ST71），以及"将教育学、心理学与英语教学深度融合，以增强教材的师范专业特征"（ST85）。

其次，教材的职后指导性相对不足。已就业的师范生认为，"教材与我们的工作实际需求存在脱节，未能提供有效的指导"（ST46）。对此，他们建议"教材应更加紧密地结合教师的工作需求"（ST23），并"增加实践性的指导内容"（ST98）。教材的编写目标及要求应侧重于知识的实际应用，以提升人才培养的质量（常小玲，2017）。因此，编写师范生英语专业教材时，应考虑如何实现从"师范教育"向"教师教育"的转型，为师范生提供持续性的职业指导。

再次，教材系统性不强，主要体现在学习内容及其体系和教材使用的系统性两个层面。学习内容方面，师范生指出教材虽涵盖部分英语学科知识和教育心理学内容，但"学习内容和体系缺乏系统性"（ST86），"未体现出知识的衔接与递进性"（ST253），导致他们难以构建完整知识体系应对实际教学问题。ST39指出，"师范生在面对真实教学情境时，较难从教材中获取系统解决方案"。教材使用上，"教材使用的系统性不太强，传统的知识、训练系统对师范生而言不够系统实用"（ST129）。

最后，教材的立体化建设相对滞后。师范生指出，单一的纸质教材难以满足现代教学的多样化需求。例如，ST59表示："教材中提及'生动授课'，但'生动'究竟何意，如何实践？我只能通过想象来理解。"针对此问题，师范生建议"教材应更加生动化，如增加实际教学情境的照片、视频等"（ST63），以及"通过教学视频或案例，让我们更直观地理解'生动'的标准"（ST59）。

3. 新时代师范生英语专业教材编写原则

针对师范生英语专业教材存在的问题，结合调研结果与教学实践，笔者认为，新时代师范生英语专业教材编写应遵循师范性、延展性、系统性、立体化四项基本原则。

3.1 师范性原则

师范性是教师职业的核心特质，体现了教师教育的独特性（梅兵，周彬 2022）。高等师范院校作为基础教育师资培养的主要基地，其核心任务是培养符合社会需求的合格教师（汪明义，张渝浠 2024）。本研究调研结果显示，71.1%的师范生认为现有英语专业教材的师范性特征不够突出，主要表现为学科教学知识（如教案设计、课堂管理、教研活动指导）占比不足，建议教材应更加凸显师范生的身份特征。这与陆道坤和张梦瑶（2023）指出的师范专业教材普遍存在的"学术性与师范性割裂"的现象相一致。因此，教材编写应紧密对接师范教育的实际需求，强化理论与实践的融合。

培养师资的过程不仅是知识的传递，更是塑造被培养者使用知识的理念与方法的过程（Fullan 2014；钟启泉 2019；Lei & Medwell 2021）。教师的知识体系由四大维度构成：本体性知识、条件性知识、实践性知识以及（跨）文化知识（Shulman 1987；徐锦芬等 2014；姜霞，王雪梅 2016）。这一体系涵盖了学科知识、教育理论、教学实践以及跨文化交际能力等多个方面。因此，针对师范生英语专业的教材编写应当全面覆盖上述知识领域，并着重培养师范生的综合能力，以实现"一专多能"的培养目标。

3.2 延展性原则

教材的编写需兼顾师范生作为学生的学习需求（张凤娟等 2023）和未来教师岗位的工作需求（戴水姣 2017；雷曼 2022），确保教材具有"延展性"。师范生毕业后将直接从事中小学教育，包括教学管理、活动组织等，因此，"延展性"教材能系统指导师范生的教与学，满足职前和职业需求，使教材兼具工具书的功能，便于查阅与持续指导，实现从"师范教育"向"教师教育"的顺利过渡，促进师范生专业成长。

但当前师范生英语专业教材多聚焦于学生层面的学习指导，在一定程度上忽视了教师成长与教学技能培养，导致"延展性"相对欠缺。本研究调研结果也发现38.9%的师范生认为教材的职后指导性相对欠佳，反映出教材在"衔接职业发展需求"方面的延展性短板。因此，编写具备"延展性"的教材对师范生发展至关重要，这不仅有助于他们掌握教师必备的专业素养，还能构建适应教育变革的课程观与教学观。

3.3 系统性原则

根据Richards（2017）、霍炜和王雪梅（2023）的研究，外语教材应系统呈现语言知识与技能，并构建前后连贯的知识体系（程晓堂，赵笑飞 2021）。对于英语专业师范生而言，教材的"系统性"要求内容编排与教学流程设计遵循知识逻辑与认知规律，既体现学科知识的完整性，又契合师范生从"知识吸收"到"教学应用"的能力发展路径。然而调研结果显示，当前教材在内容组织与使用指导层面未能充分考虑教学需求和师范生特点，存在系统性短板：内容层面，语言知识与教学理论割裂，知识点缺乏递进关联，导致师范生难以形成系统知识网络；使用层面，教材缺乏清晰的教学流程指南，活动设计碎片化，教师组织教学环节时面临连贯性不足的问题。因此，笔者认为，师范生英语专业教材应系统化零散的专业知识，形成完整体系，同时优化教材的使用流程，提升其系统性和实用性。具体而言，教材可以通过重构内容组织逻辑、围绕课堂教学实践设计学习内容以及设计多系来实现这一目标。

3.4 立体化原则

教材的"立体化"要求突破单一纸质形态，通过整合纸质文本、数字资源立体化教材结合了纸质和数字资源，通过文字、声音、图像等多种信息输入方式，提供全方位的教学体验（杨港 2020；覃军，杨利 2023）。这种立体化设计不仅延展了教学的时间和空间，还借助信息技术实现了知识的深度加工（邓世平，王雪梅 2021）。对于师范生英语专业教材而言，其内容涉及教师实践、跨文化交际以及英语学科知识等多个方面，因此，构建一个立体化、数字化、多模态的教材体系显得尤为必要。然而，当前师范生英语专业教材仍以传统纸质内容为主，存在立体化建设滞后的问题。调研结果也反映了师范生英语专业对立体化教材的迫切需求。在编写师范生英语专业教材时，应注重立体化设计，将动态与静态学习体验相结合，以提高教材的使用效率和教学效果。

4. 新时代师范生英语专业教材编写策略

基于师范性、延展性、系统性、立体化四项基本原则理论框架，结合调研数据与一线教学实践，接下来笔者将进一步探讨新时代师范生英语专业教材的编写策略。

4.1 内容师范性策略

高等师范院校的主要人才培养目标是为中小学输送高质量的师资力量。因此，在编写高等师范院校师范生英语专业教材时，应明确定位目标受众为师范生群体，确保教材的针对性和实用性。教材内容的遴选应紧密贴合中小学教育对教师"必备知识技能"的严格标准，同时兼顾教师职业的独特性质以及基础教育领域对教育工作者提出的综合要求。

教材的构建应严格遵循高等师范院校的教育培养目标，以师范生"必备知识技能"为核心，进行系统且科学的内容规划。在章节内容的遴选与编排上，应避免单纯堆砌英语专业知识，而是有针对性地呈现中小学英语教师所需的教学规划和专业生活全貌，从而全面培养师范生的综合能力。具体而言，教材不仅要帮助师范生掌握扎实的学科专业知识和展示能力，还应使其具备教育教学活动的组织与管理技巧（如班主任工作、教育科研等），以及项目引导和基本技能传授的能力，以此鲜明地凸显教材的"师范性"。

4.2 职前职后延展性策略

基于延展性原则，教材编写应紧密围绕中小学英语教师的教学实践与专业发展轨迹，构建逻辑清晰、结构完整的教学体系。教材需兼顾职前学习与职后发展的需求，通过设计贯通性的教学发展路径，确保教材在师范生整个职业生涯中具有持续指导价值。

具体而言，教材应注重职前阶段的理论学习与实践技能培养，帮助师范生掌握教学设计、课堂管理、教育科研等核心能力；同时，教材应延伸至职后阶段，提供持续的专业发展支持，例如教学反思、教学改进、职业规划等内容。通过职前职后的贯通设计，教材能够为师范生提供从学习到实践再到职业发展的完整指导，帮助其在教育领域实现可持续发展。

4.3 课前课后系统性策略

系统性原则的实施需要教材在结构设计层面实现三重突破。首先，基于建构主义学习理论，教材编写应重构内容组织逻辑，将学科知识体系转化为以真实教学问题为导向的任务链条。每个模块应包含理论阐释、案例解析和情境操练三个进阶层次，以帮助师范生逐步构建知识体系并提升实践能力。

其次，依据Dewey（1916）的"目的论"核心理念，即教育即生活、教育即生长、教育即经验的改造，教材编写应紧密围绕课堂教学实践设计学习内容。特别强调还原中小学英语教师的教学规划与专业生活，通过"做中学"的教学模式，实现经验与思维的深度融合，以及教材与教法的有效统一（Lei & Medwell，2020；涂诗万，朱凯，2023）。具体而言，教材内容建议划分为四个核心学习模块："课前准备""课中实践""课外管理"及"课后研讨"，以期全面覆盖并深入指导师范生在英语教育领域的学习与发展（如图1所示）。

最后，教材编写应设计五大子系统：导学系统、知识系统、活动系统、资源系统和评价系统。导学系统可通过思维导图呈现知识网络，帮助师范生理清学习路径；知识系统应系统整合英语学科知识、教育学知识、心理学知识以及教学实践知识等，构建相互关联、循序渐进的知识体系，为师范生的教学实践提供坚实的理论支撑；活动系统则需设计多样化的教学活动，如模拟教学、案例分析、小组讨论等，注重活动的层次性与连贯性，使师范生能够在实践中逐步提升教学能力与职业素养；资源系统可借助二维码链接国内外优质课例视频，提供丰富的学习资源；评价系统则采用增值性评估模型，动态跟踪学习成效，确保教材的系统性和实用性。

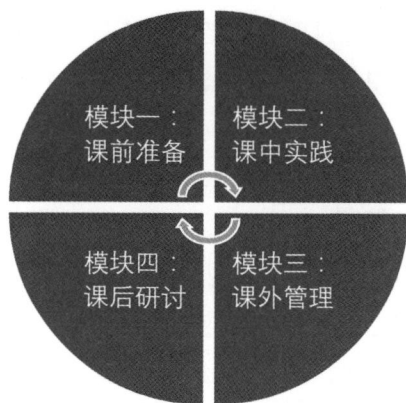

图1 教材的学习模块

4.4 形态立体化策略

师范生英语专业教材的编写应向立体化、多模态化、数字化方向发展，将信息技术与课程内容深度融合，集理论学习、实践操作、研究拓展于一体，构建全方位、多维度的教材体系，为师范生提供便捷高效的学习资源。同时，通过AI技术的赋能，实现教材资源的智能化与个性化，进一步拓展教学的时空界限。

具体而言，在教材内容的呈现方式上，充分利用二维码关联技术，将教材中的各个知识点与相关的案例、教研录像等视频资源紧密链接，形成"动静结合"的教材形态，提升教材的互动性和实用性。在教材的学习方式上，结合自主学习、国内外案例剖析、教学录像研究、课堂展示与反馈以及口语情境模拟等多种学习方法，形成"学—研—思—训—拓"的教学模式。通过情境问题分享研讨，或深入教育实践进行研究，师范生可增强自我认知、形成教学策略并提升教育实践的智慧与能力。

在具体编写实践中，建议教材编写者从以下几个方面入手：一是明确学习模块的逻辑顺序，确保内容的衔接与递进性；二是结合实际教学需求，设计多样化的学习活动，增强教材的互动性和实用性；三是充分利用现代信息技术，构建多模态、数字化的教材资源生态，为师范生提供全方位的学习支持。通过这些策略，教材编写能够更好地服务于师范生的专业成长，提升其教学实践能力与职业胜任力。

5. 结　语

本文通过问卷调研发现，当前师范生英语专业教材在适应新时代教育需求和师范生培养特点方面尚需进一步完善。为促进教材质量的提升，本文提出了新时代师范生英语专业教材编写的四项核心原则，即师范性、延展性、系统性和立体化，并探讨了相应的编写策略，包括内容师范性策略、职前职后延展性策略、课前课后系统性策略以及形态立体化策略，旨在为优化教材编写质量提供一定参考。未来可进一步扩大研究范围，针对师范类英语专业综合英语、英语教学法、翻译、跨文化交际等细分教材类型的编写，结合教材的使用效果评估、教材培训等展开深入探讨，推动教材研究与实践的深度融合，促进英语师范生教育的可持续发展。

参考文献

[1] Cunningsworth A. *Choosing Your Coursebook* [M]. Oxford: Heinemann, 1995.

[2] Dewey J. *Democracy and Education: An Introduction to the Philosophy of Education* [M]. New York: Macmillan, 1916.

[3] Fullan M. *Teacher Development and Educational Change* [M]. New York: Routledge, 2014.

[4] Graves K. Recent books on language materials development and analysis [J]. *ELT Journal*, 2019, 73(3): 337–354.

[5] Lei M & Medwell J. How do English language teachers understand the idea of professional development in the recent curriculum reforms in China? [J]. *Asia Pacific Journal of Education*, 2020, 40(3): 401–417.

[6] Lei M & Medwell J. Impact of the COVID-19 pandemic on student teachers: How the shift to online collaborative learning affects student teachers' learning and future teaching in a Chinese context [J]. *Asia Pacific Education Review*, 2021, 22(2): 169–179.

[7] Richards J C. *Curriculum Development in Language Teaching* [M]. Cambridge: Cambridge University Press, 2017.

[8] Shulman L. Knowledge and teaching: Foundations of the new reform [J]. *Harvard Educational Review*, 1987, 57(1): 1–23.

[9] Zhang H, Li R, Chen X & Yan F. Cultural representation in foreign language textbooks: A scoping review from 2012 to 2022 [J]. *Linguistics and Education*, 2024, 83: 1–17.

[10] 常小玲."产出导向法"的教材编写研究[J]. 现代外语,2017,39 (3): 359–368,438.

[11] 程晓堂,赵笑飞. 外语专业语言类教材编写的问题与建议[J]. 山东外语教学,2021,42 (1): 40–48.

[12] 邓世平,王雪梅. 构建高校外语教材开发新生态[N]. 社会科学报,2021-09-22 (5).

[13] 邓世平. 新文科与课程思政视域下理工类ESP教材编写:原则、现状与路径 [J]. 外语教材研究,2023,(0): 24–43.

[14] 戴水姣. 卓越教师培养研究进展与前瞻[J]. 当代教育理论与实践,2018,10 (5): 141–146.

[15] 霍炜,王雪梅. 回顾外语教材研究,推动外语教材建设——《中国外语教材建设:理论与实践》述评[J]. 北京第二外国语学院学报,2023,45 (2),102–109.

[16] 姜霞,王雪梅. 我国外语教师知识研究:回顾与展望——基于外语类和教育类 CSSCI 期刊论文的分析[J]. 外语界,2016,(6): 31–39.

[17] 李民,余中秋. 中外英语教材中的语用知识对比研究[J]. 现代外语,2020,43 (6): 806–817.

[18] 雷曼. 英语课程改革与教师观念重构[M]. 武汉:华中科技大学出版社,2022.

[19] 陆道坤,张梦瑶. 论师范教育的"师范性"与"学术性"之矛盾运动——历史脉络、发生机理及未来走向[J]. 大学教育科学,2023 (3): 63–72.

[20] 梅兵,周彬. 新时代高水平师范大学的育人使命与教育担当[J]. 教育研究,2022,43 (4): 136–142.

[21] 覃军，杨利. 智能时代立体化翻译教材建设探究[J]. 外语界，2023，(1)：84-91.

[22] 苏芳，杨鲁新. 外语教材使用情境下学习者能动性个案研究——复杂动态系统理论视角[J]. 中国外语，2024，21 (3)：69-76.

[23] 孙有中. 中国外语教材建设：理论与实践[M]. 北京：外语教学与研究出版社，2021.

[24] 涂诗万，朱凯. 作为社会理论的"做中学"——深化杜威研究的一个新尝试[J]. 华东师范大学学报（教育科学版），2023，41 (6)：14-25.

[25] 王雪梅. 英语专业研究生教材的编写出版与评估运用[J]. 山东外语教学，2012，33 (6)：58-63.

[26] 汪明义，张渝浠. 教育强国建设中地方师范大学的战略行动[J]. 教师教育研究，2024，36 (3)：1-6，19.

[27] 徐锦芬，程相连，秦凯利. 优秀高校英语教师专业成长的叙事研究——基于教师个人实践知识的探索[J]. 外语与外语教学，2014，(6)：1-6.

[28] 徐锦芬，范玉梅. 大学英语教师使用教材任务的策略与动机[J]. 现代外语，2017，40 (1)：91-101，147.

[29] 徐锦芬. 新时代高校外语教材建设路径[J]. 外语教材研究，2023，(0)：1-11.

[30] 杨港. 大学英语立体化教材研究：理论与实践[M]. 北京：中国社会科学出版社，2020.

[31] 张虹，李会钦，何晓燕. 我国高校本科英语教材存在的问题调查[J]. 外语与外语教学，2021，44 (1)：65-74.

[32] 钟启泉. 教育的挑战[M]. 上海：华东师范大学出版社，2019.

[33] 张凤娟，张良林，胡志红. 新文科背景下的英语师范生素养培养体系的构建研究[J]. 外语电化教学，2023，(4)：60-64.

[34] 张佳伟，卢乃桂. 寻找学术性与师范性融合的空间——高水平综合性大学发展教师教育的优化路径[J]. 教育研究，2023，44 (2)：150-159.

大学英语教材二次开发中的法律模块建设研究

赵双花

（山东政法学院，山东济南 250014）

提　要： 中国式现代化建设需要高素质的涉外法治人才，但目前涉外法治人才培养存在数量不足、质量有待提高、跨文化交际能力薄弱等问题。大学英语作为非英语专业学生本科阶段的通识必修课，兼具工具性和人文性。本研究通过对大学英语教材进行二次开发，利用主题设计和教学活动设计等路径，将中华优秀传统法律文化和法律英语融入大学英语教学中，助力高素质涉外法治人才培养。

关键词： 大学英语教材；教材二次开发；法律模块

Abstract: The construction of Chinese-style modernization requires high-quality talents in foreign-related rule of law. However, currently, there is a shortage in the number of cultivated foreign-related legal talents, and their quality remains suboptimal, and their cross-cultural communication capabilities are relatively weak. College English, as a general compulsory course for undergraduate students majoring in non-English fields, has both instrumental and humanistic characteristics. Through the redevelopment of college English textbooks, this study contributes to integrating excellent traditional Chinese legal culture and legal English into college English teaching by means of theme-based design and teaching activity development, aiming at contributing to the cultivation of high-quality foreign-related legal talents.

基金项目： 本文为国家教材建设重点研究基地2023年度教育部规划项目"大学英语教材中的中华优秀文化融入方式、效果与路径研究"（编号2023GH–ZDI–GJ–Y–02）、上海外国语大学教材研究院外语教材研究项目"'大思政课'背景下的大学英语教材法律模块建设研究"（编号2023SD0005）的阶段性成果。

作者简介： 赵双花，博士，山东政法学院外国语学院讲师，研究方向：语言政策与外语教育。

Key words: college English textbooks; textbook redevelopment; legal modules

1. 引　言

随着全球治理体系和国际秩序的变革以及我国国际影响力的提升，我国对高素质涉外法治人才的需求日益迫切。2023年11月27日，习近平总书记在中共中央政治局第十次集体学习时强调"早日培养出一批政治立场坚定、专业素质过硬、通晓国际规则、精通涉外法律实务的涉外法治人才"。然而，目前我国涉外法治人才队伍的规模和质量均无法满足涉外工作需求（单文华 2024）。以联合国职员人数为例，中国职员为1647人，仅占1.23%[①]。此外，涉外法治人才培养过程中，学生的基础外语和专业外语薄弱导致其跨文化交际能力不足，无法或不敢开展跨文化、跨法域交流实践（崔晓静 2025）。

大学外语教育是我国高等教育的重要组成部分。大学英语是非英语专业学生必修的通识课程，在人才培养中具有重要作用。大学英语课程兼具工具性和人文性：工具性体现在听说读写译等综合语言能力和通过专门用途英语获得学术或职业领域的国际交流能力；人文性则体现在跨文化教育以及对学生理解和阐释中国文化能力的培养上。因此，大学英语的培养目标与涉外法治人才培养在一定程度上是相辅相成、同向同行的。大学英语课程应从国家战略出发，培养具有世界眼光、国际意识和跨文化交际能力，通晓国际规则，精通国际谈判的人才，为增强我国履行国际义务、参与全球治理的能力提供支持。

大学英语教材是实现大学英语教学目标的基本保证。本研究从大学英语教材入手，在教材的二次开发中融入法律模块，致力于在培养学生语言能力和跨文化交际能力的同时，提高其法律素养，助力我国涉外法治人才培养。

[①] 数据引自联合国高层管理委员会2024年12月发布的《人员统计》文件（CEB/2024/HLCM/HR/11），涵盖截至2023年12月31日的数据。

2. 文献综述

2.1 大学英语教材的育人功能

教材是教学内容的主要载体，是教学的重要依据、人才培养的重要保障。《全国大中小学教材建设规划（2019-2022）》明确指出，教材体现国家意志，其核心功能在于育人。《"十四五"普通高等教育本科国家级规划教材建设实施方案》也强调，教材建设应坚持价值引领，强化育人理念，并紧密围绕党和国家发展对人才培养的新要求。

自1961年起，大学英语教材建设历经了五代不同编写理念的更替。20世纪90年代，大学英语教材的发展首先经历了三个时代：以语法为纲的传统教学模式时代（1961-1979年）、选材有所突破的传统教学模式时代（1979-1985年）以及依据大纲编写的时代（1985-1990年代中期）（董亚芬 2003）。随后，第四代教材出现，标志着纸质平面教材向依托多媒体的立体教材的转变。在此基础上，第五代教材强调外语课程与计算机网络的全面整合（陈坚林 2007）。目前，教材建设进入了新形态一体化阶段，主要体现为教材研发与课程建设一体化、教材内容与线上线下资源一体化、教学内容设计与教学过程设计一体化、学习过程与应用过程一体化（张敬源等 2017）。历经多次迭代，我国大学英语教材已逐步融入课程思政的要求，为大学英语教学全新目标的实现提供了有力支持。

《高等学校课程思政建设指导纲要》指出，课程思政建设要围绕政治认同、家国情怀、宪法法治意识等关键内容，优化课程思政内容供给，系统开展中华优秀传统文化教育。《大学英语教学指南（2020版）》（以下简称《指南（2020版）》）指出，大学英语教材应融入社会主义核心价值观和中华优秀传统文化，充分发挥课程优势，为人才培养提供坚实支撑。这要求大学英语教材在传承中华优秀传统文化、体现国家意志与核心价值观的同时，以国家和社会需求为导向，实现高等教育的育人和育才功能。而大学英语教材的二次开发，正是实现这一功能的重要途径。

2.2 大学英语教材的二次开发

教材的二次开发涉及对既定教材内容的增删、调整、加工等，旨在最大化利用教材资源（Tomlinson 2011）。作为教材的使用主体，教师可通过对教材的二次开发，实现教材、教法与学习者之间的最佳匹配（Harwood 2021）。考虑到大学英语课程普遍存在教材内容多、课时有限的情况，大学英语教师通常会采用增加内容、删减、调序、改写等等策略对教材进行二次开发（张虹等 2021）。

大学英语教材是落实立德树人根本任务的重要载体，其选材涵盖政治、经济、历史、文化等多种内容，能够挖掘出丰富的思政育人素材，应当为外语课程思政提供融于语言材料的思政原料（孙有中 2020）。大学英语教师在教材使用中需发挥主观能动性，对既定的教材内容进行二次开发，使其动态适应国家需求、校本化课程目标、特定学生群体以及课堂实际需求。换言之，教师对教学内容的重构是落实思政效果的关键环节（刘正光，岳曼曼 2020）。有学者建议通过建设大学英语课程思政数字资源包对大学英语教材内容进行重构（肖维青，赵璧 2023）。也有研究者注重挖掘大学英语教材中的国家意识（车思琪等 2024）和中国文化（肖维青 2024）。对于卓越涉外法治人才培养，研究者从多方面探索了法律英语的课程思政路径，包括中西方法律文化异同、中国特色社会主义法治发展进程、讲好中国法治故事、国际模拟法庭实践教学、嵌入式案例分析等（骆莲莲，姜雪 2023）。然而，当前鲜有研究从涉外法治人才培养的角度，探讨将法律英语和中华优秀传统法律文化融入大学英语教材的二次开发中。

2.3 大学英语教材法律模块建设现状

作为本科教育阶段的公共基础课程和核心通识课程，大学英语教学在多数高校都以英语水平等级达标为驱动，未能与学生专业学习的英语能力需求相结合（蔡基刚 2021）。目前的大学英语教学难以充分适应国家和社会经济发展的需要。大学英语课程应当与学校的办学特色和学生的专业学习相结合，与专业课程融合，以提升学生的英语专业学习能力和国际交流能力（束定芳 2025）。涉外法治人才的培养要强调"法律+外语"的融贯学习，突出外语能力，强调法律解释与运用能力，只有两者的有效融合才能培养合格的涉外法治人才。在外语水平维度上，必须着重培养专业语言应用能力，因为无论是法学理论界还是法律实务界，能够使用娴熟的外语进行法学理论和法律事务交流的人才相对稀缺（李海峰 2023）。

针对涉外法治人才培养中出现的语言能力不足的问题，研究者普遍认为可采用法律与英语融合的方式。例如，构建英语和法律学科交叉融合的新型课程体系（宋书强 2023）；通过校内协同培养加强法律与外语的有机融合（杨天娲 2023）或利用大学英语课程语言教学的优势，设计实用且有针对性的课程内容，推动跨学科的课程融合，以提升学生的语言应用能力和语言与法律专业知识的整合能力（张清，刘艳 2023）。然而，目前少有研究从大学英语教材二次开发的角度，探讨通过融入法律模块来解决涉外法治人才培养中的问题。鉴于此，本研究拟重点探讨以下两个问题：

（1）大学英语教材二次开发中需要融入哪些法律模块？

（2）这些模块应以何种方式融入大学英语教学？

本研究旨在通过大学英语教材二次开发中融入法律模块，拓展大学英语教学内容，创新课堂教学方法，为我国涉外法治人才培养提供新的思路。

3. 法律模块建设的理念和内容

大学英语的工具性支撑和服务于学生的专业学习和研究。大学英语应紧密结合学生的专业需求，引入专门用途语言，帮助其了解和掌握与专业相关的英语表达和交流能力（蔡基刚 2021）。根据《指南（2020版）》，大学英语教学的主体包括通用英语、专门用途英语和跨文化交际三大类课程，各高校应根据学校类型、办学定位、人才培养目标等，合理规划教学内容。法律英语作为涉外法学专业的专门用途英语，在涉外法治人才培养中具有重要作用。将法律英语融入大学英语教学，有利于提高学生从事涉外法治事务的语言能力，了解英美法系的法律思维，进而提升其在涉外实务中的跨文化交际能力。

大学英语的人文性体现在跨文化教育和对中国文化的理解和阐释两个方面。中华优秀传统文化是中华民族的"根"和"魂"。高校在落实立德树人根本任务的过程中传承中华优秀传统文化，培育和践行社会主义核心价值观具有重要意义。中华优秀传统法律文化是中华优秀传统文化的重要组成部分（马一德 2024）。习近平总书记强调，法治人才培养要"坚持立德树人，德法兼修"。涉外法治人才培养要以德为先（马怀德 2025）。因此，将中华优秀传统法律文化融入大学英语教学，是实现涉外法治人才培养中立德树人目标的重要途径。

《指南（2020版）》指出，大学英语课程的工具性是人文性的载体，人文性是工具性的升华。在涉外法治人才培养中，法律英语和中华优秀传统法律文化在大学英语教学中是相得益彰、相辅相成，密不可分的。基于此，本研究认为，在大学英语教材二次开发中的法律模块建设，应包含中华优秀传统法律文化模块和法律英语模块两大部分，旨在培养具有家国情怀、高尚道德情操，政治和业务素质过硬，法学专业知识和外语能力兼备的高素质涉外法治人才。

3.1 中华优秀传统法律文化模块

中华优秀传统法律文化源于中华民族五千年的文明积淀。其形成和发展与不同历史时期治国理念、法律制度的变迁紧密相关。上古时期，"法"以"刑"为中心，《左传·昭公六年》记载"夏有乱政，而作禹刑""殷有乱政，而作汤刑"，体现了中国早期法律制度的萌芽。公元前11世纪，周朝推行"明德慎罚"的治国方略。春秋战国时期百家争鸣，儒家崇尚"礼治"，倡导"为国以礼""为政以德"；法家则主张"君臣上下贵贱皆从法"，强调"事断于法""法不阿贵"。战国末期，荀子提出"隆礼"与"重法"相结合。秦朝"以法为本"，推行法家治国思想，中华法系初步形成。西汉初期，道家"黄老学说"推行"无为而治"；汉武帝时期"罢黜百家、独尊儒术"，推动了中国传统法律的"儒家化"进程。魏晋南北朝时期，儒家经典学说深刻影响国家法律制度。隋唐时期，《唐律疏议》的制定和实施标志着中华法系已全面成熟，传统文化精神与传统法律制度深度融合，形成了较为成熟的传统法律文化。

中华优秀传统法律文化体现了"出礼入刑、隆礼重法"的治国策略、"民惟邦本、本固邦宁"的民本理念、"天下无讼、以和为贵"的价值追求、"德主刑辅、明德慎罚"的慎刑思想、"援法断罪、罚当其罪"的平等观念以及保护鳏寡孤独、老幼妇残的恤刑原则（侯学宾 2024）。在大学英语课程中融入中华优秀传统法律文化，有助于学生了解其精华如何转化为社会主义法治建设的思想基础。例如，"隆礼重法"的理念创造性地转化为依法治国和以德治国相结合的社会主义法治建设思想。因此，在教材二次开发中建设法律模块时，融入中华优秀传统法律文化，不仅可以提高学生对中华优秀传统法律文化价值的认同，还会增强其民族自豪感，为培养厚植家国情怀的涉外法治人才奠定基础。

3.2 法律英语模块

高等外语教育关系到高等教育人才培养质量乃至中国参与全球治理体系的改革建设（吴岩2019）。随着全球治理格局的变化以及我国对外开放水平的提升，国际法律共同体建设和涉外法律服务建设领域迫切需要大批精通语言、通晓国际规则、精通涉外法律实务的涉外法治人才。但目前大部分高校法学课程设置较为传统，学生在涉外立法、执法、守法和法律服务实践中的能力相对较弱（何俊毅 2024），难以满足国家对高层次涉外法治人才的需求。涉外法治人才需具备法律专业知识及有关跨学科知识，熟悉国际法律规则、世界主要国家的法律制度，掌握国内、国际以及主要国家的基本诉讼程序，熟悉国际诉讼、仲裁业务，具备从事国内、国际非诉讼法律实务以及法律实务的组织和管理的能力（屈文生 2021）。这些能力的培养离不开运用英语进行涉外法律实务处理、法律文书撰写、涉外法律检索、涉外法律谈判等涉外立法、执法、守法和法律服务的能力。因此，高校需完善涉外法治教学体系，深化大学英语教学改革，优化教学内容，使大学英语教学更好地服务于法学专业学生的专业学习和研究。

法律英语是普通法国家以普通英语为基础，在立法、司法以及其他与法律相关的活动中形成和使用的具有法律专业特点的语言，是英美法国家表述法律科学概念以及从事诉讼或非诉讼业务时所使用的英语（张法连 2018）。作为应用语言学中的专门用途英语分支，法律英语融合了英美法律专业知识和英语语言技能，尤其重视学生在特定法律领域的话语分析能力和语言交际能力的培养（张法连，孙贝 2024）。《法律英语教学大纲（2020)》指出，法律英语的教学目标是帮助学生打下较为扎实的法律语言基础，熟悉英美法律基础知识，了解中西法律文化差异，培养学生法律英语实际应用和实践能力。该教学目标与涉外法治人才培养的需求高度一致。

本研究认为，法律英语模块的建设应涵盖的内容包括英美国家法律制度、司法系统以及宪法、行政法、刑法、民权法、合同法、侵权法、财产法、公司法、保险法、商法、税法、环境保护法、家庭法、知识产权法、民事诉讼程序、刑事诉讼程序、世贸组织基本原则、证据原则等。通过将这些内容纳入大学英语教材二次开发中的法律模块，学生能够掌握法律英语的基本概念、术语和表达方式，熟悉英美法律体系和国际法律规则，从而为未来从事涉外法治工作打下坚实的基础。

接下来，本研究将以产出导向法为理论指导，从"驱动—促成—评价"三个方面探讨在大学英语教材二次开发中融入法律模块的具体路径。

4. 法律模块的融入路径

产出导向法所倡导的"驱动—促成—评价"教学流程框架完整，对于课程思政教学及整体教学设计具有重要的指导和借鉴意义（王俊菊，卢萍 2024）。大学英语教材一般以单元为单位组织内容，每个单元具有明确的主题。课文选材、学习任务设计、补充阅读选材以及视听说选材和活动任务设计均围绕该主题展开。

对大学英语教材进行二次开发时，在驱动环节，可采用"主题设计"的方式，首先通过"单元主题解读"和"单元目标分析"，确定该单元的核心主题和教学目标；其次，从法律英语模块和中华优秀传统法律文化模块寻找适合该单元主题的内容；最后，结合该单元原有主题和法律模块的内容，设计相关教学活动。在促成环节，可要求学生根据确定的法律模块主题进行案例收集，并在学习通等平台提交；也可根据法律模块主题组织学生以"用英语讲好中国法治故事"的形式进行小组展示。在评价环节，教师可根据促成环节任务的完成情况，从知识传授、能力培养和价值塑造三个方面对学生表现进行评价。具体路径见图1。

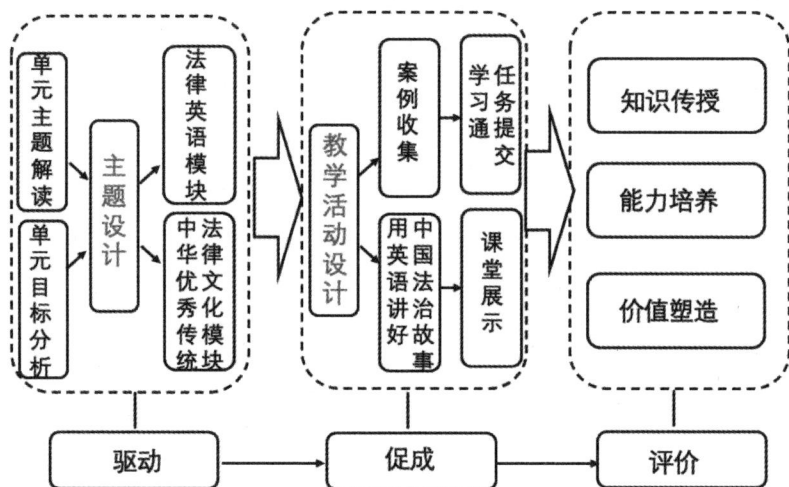

图1 法律模块的融入路径

基于上述法律模块的融入路径，本研究将以《全新版大学进阶英语综合教程（思政智慧版）》（以下简称《新进阶》）为例进行深入探讨，从主题设计和教学活动设计两个方面展开详细论述。《新进阶》于2023年6月出版，依据《指南（2020版）》编写，教材选材聚焦国内外现实生活和重大事件，融入跨文化元素，注重中国元素的体现。其数字课程围绕单元主题，挖掘提炼课程思政元素，寓价值观于知识传授和能力培养之中，落实了立德树人根本任务，是当前具有较强代表性的大学英语教材。

4.1 主题设计

教师作为大学英语教材的使用者，在法律模块融入教材中起着关键作用。在驱动环节，教师要熟练掌握法律英语知识和中华优秀传统法律文化知识，在把握单元教学目标的基础上，对主题内容进行深度解读和深入分析，在研读教材的基础上提炼观点，整合教材中法律相关的知识点，并结合该主题单元中课程思政的育人目标，构思教学活动的整体设计。以《新进阶》第四册为例，其法律模块主题可设计如下：

表1 法律模块主题设计

单元	主题	法律英语模块	中华优秀传统法律文化模块
Unit 1	Ocean Exploration	海商法、合同法	
Unit 2	China in Transition		"民惟邦本、本固邦宁"
Unit 3	Job Hunting	侵权法	
Unit 4	Women Nobel Prize Winners		保护女性的恤刑原则
Unit 5	Cyber Language	知识产权法	
Unit 6	Human-Robot Relations	商法、知识产权法等	"出礼入刑、隆礼重法"

以Unit 1涉及的法律英语模块和 Unit 2涉及的中华优秀传统法律文化为例进行说明。Unit 1的主题为"Ocean Exploration"，包含两篇课文："When We Explore the Deep Sea, We Are Exploring for Our Own Survival"和"Race to the Deep"。前者的主题是通过海洋探索扩大人类的生存空间，后者则介绍中国海洋科考船助力中国深海探索。因此，可以在法律英语模块融入与海洋相关的英美法，如海商法，包括海上货物运输、海上保险、船舶碰撞、海难救助等话题。同时，还可引入《海牙规则》《汉堡

规则》等国际公约，并与一般的民事法律、商事法律联系起来，例如探讨海上运输的合同纠纷中涉及的合同法相关原则。"Race to the Deep"聚焦中国的海洋探索，则可在主题设计中引入《中华人民共和国海洋环境保护法》《中华人民共和国深海海底区域资源勘探开发法》等国内重要海洋相关法律。这种主题拓展学习能够深化学生对海商法和国内海洋相关法律的认识，培养跨文化法律知识，提升其运用法律知识解决国际争端的能力。

Unit 2的主题为"China in Transition"，课文"Hutong Karma"讲述北京胡同的变迁，而另一篇"China's Villages Change Amid Rush for the Cites"则是关于城镇化和乡村保护。该单元聚焦民生主题，这两篇课文所体现的改善生活环境，创造就业机会和健全社会保障体系，为弱势群体提供帮助等措施，均体现了对民生的关注。因此，可以在中华优秀传统法律文化模块中引入"民惟邦本、本固邦宁"的民本理念。"民惟邦本、本固邦宁"出自《尚书·五子之歌》，强调人民是国家的根本，根本稳固了国家才会安宁。通过这种方式在大学英语教学中增加相关的中华优秀传统法律文化，有利于创造性转化、创新性发展中华优秀传统法律文化，增强大学生对中华传统法律文化的文化自信，更好地实现课程思政的育人目标。

4.2 教学活动设计

在促成环节，教师可通过设计"案例收集"和"用英语讲好中国法治故事"等有针对性的活动，从语言和内容方面为学生提供产出的脚手架，确保其在知识、能力和价值观维度均有所提升。

以《新进阶》第三册Unit 6 "Determination"为例，课文"The Lawyer Who Became DuPont's Worst Nightmare"讲述了律师Rob Bilott历经十几年的法律斗争，揭露杜邦公司造成环境污染真相的故事。该案件是企业环境责任的重要判例。"案例收集"活动聚焦法律英语模块。教师可对该案件涉及的法律英语知识进行讲解，帮助学生建构环境保护相关的法律知识体系。例如，界定杜邦公司化学污染对居民健康造成的损害时，需判断其是否符合侵权法（*Tort Law*）中过失（negligence）或严格责任（strict liability）的构成要件；由于案件涉及多州及联邦环保法规，需精准确定管辖权（Jurisdiction），并运用《联邦民事诉讼规则》（*Federal Rules of Civil Procedure*）应对杜邦的拖延诉讼行为。在此基础上，教师可要求学生搜集环境保护相关的英美法案例进行详细解读并提交至学习平台。教师可通过平台追踪学生的任务完成情况，补充完善案例中的法律英语知识。

"用英语讲好中国法治故事"聚焦中华优秀传统法律文化模块。教师可引入习近平法治思想中关于生态文明思想的论述，如要健全美丽中国建设保障体系，要强化法治保障，统筹推进生态环境、资源能源等领域相关法律制定修订等。学生可以"美丽中国"为主题，搜集美丽中国建设实践故事并用英语进行阐释，如《美丽中国在行动2024》中的美丽省域建设典型案例。通过此活动设计，学生可深度了解中国特色社会主义法治体系建设成果，增强自己的使命感与民族自豪感，成为积极传播中国法治故事、坚持制度自信和文化自信的涉外法治人才。

教师备课时需从知识、能力和价值观三个维度制定好教学活动的目标，并在评价环节检验教学目标的达成度。以上述Unit 6 Rob Bilott诉杜邦案的教学活动为例，其知识目标包括：帮助了解环境法与侵权法知识，如环境污染（environmental pollution）、产品责任（product liability）和环境侵权（environmental torts）；熟悉程序法术语与诉讼流程，包括集体诉讼（class action）、证据开示（discovery）和专家证言（expert testimony）。能力目标涵盖：提升学生的事实调查与证据分析能力、法律推理与论证能力以及跨文化与跨法域协调能力。价值观目标包括：培养学生法律职业伦理、环境正义意识和法治自信。教师可从活动完成情况、课堂表现和行为观察三个方面进行评价，也可要求学生对教学目标达成情况进行互相评价和自我评价。通过教师评价、同伴互评和学生自评的多主体评价模式，全面客观地评价学生的学习情况。

5. 结　语

高校作为涉外法治人才培养的主要阵地，虽为涉外法治工作输送了大批人才，但仍存在人才培养数量相对不足、质量有待提高等问题（雷鸣 2024）。大学英语作为大学外语教育的重要组成部分，应在课程思政建设和落实立德树人根本任务中发挥重要作用。为推动大学英语教学服务于法学专业学生的专业学习和研究，教师在大学英语教材使用过程中应进行合理的二次开发，融入中华优秀传统法律文化和法律英语知识。本研究通过主题设计和教学活动设计，探索了中华优秀传统法律文化和法律英语融入大学英语教材的课堂教学路径，旨在完善大学英语教材建设体系，提高学生的英语语言能力、法律英语素养以及对中华优秀传统法律文化的价值认同。未来研究可进一步展开实证探索，验证法律模块教学效果，优化融入路径，为培养厚植家国情怀、具有国际视野、精通国际法和国别法的涉外法治紧缺人才提供支持。

参考文献

[1] Tomlinson B. *Materials Development in Language Teaching* [M]. Cambridge: Cambridge University Press, 2011.

[2] Harwood N. Coda: An expanding research agenda for the use of instructional materials [J]. *The Modern Language Journal*，2021, 105(S1): 175–184.

[3] 蔡基刚. 学科交叉：新文科背景下的新外语构建和学科体系探索[J]. 东北师大学报（哲学社会科学版），2021，（3）：14–19，26.

[4] 陈坚林. 大学英语教材的现状与改革——第五代教材研发构想[J]. 外语教学与研究，2007，（5）：374–378.

[5] 崔晓静. "五位一体"涉外法治人才培养的实践育人路径探索[J]. 武汉大学学报（哲学社会科学版），2025，78 (1)：43–53.

[6] 董亚芬. 我国英语教学应始终以读写为本[J]. 外语界，2003，（1）：2–6.

[7] 车思琪，陈静凡，蒋昭瑜. 大学英语教材中的国家意识——以《新视野大学英语读写教程》为例[J]. 当代外语研究，2024，（4）：73–82.

[8] 何俊毅. 加强涉外法治人才培养工作[N]. 中国社会科学网——中国社会科学报，2024–08–20.

[9] 侯学宾.中华优秀传统法律文化的传承发展逻辑[J].法制与社会发展，2024，30（5）：5–21.

[10] 雷鸣.提高涉外法治人才培养质量（有的放矢）[N].人民日报，2024-08-29.

[11] 李海峰.服务中国式法治现代化 培养高素质涉外法治人才[N].中国社会科学网，2023-07-11.

[12] 刘正光，岳曼曼.转变理念、重构内容，落实外语课程思政[J].外国语，2020，43（5）：21–29.

[13] 骆莲莲，姜雪."法律英语"课程思政路径研究[J].外语与翻译，2023，30（3）：80–85.

[14] 马怀德.加快涉外法治人才培养[J].北京观察，2025，（3）：28–29.

[15] 马一德.传承和弘扬中华优秀传统法律文化[J].红旗文稿，2024，（7）：34–37.

[16] 屈文生.新文科理念下的新时代高等外语教育意象——以"大外语"等命题为中心[J].当代外语研究，2021，（4）：82–91.

[17] 单文华.以实践为导向，完善涉外法治人才培养机制[J].民主与法制，2024，（24）：67–72.

[18] 束定芳.构建服务国际化人才培养与"四新"建设的大学英语课程与教材体系[J].中国外语，2025，22（2）：1，12–16.

[19] 宋书强.新时代涉外法治课程体系建设——以"英语+法律"学科交叉为核心[J].语言与法律研究，2023，（2）：154–166.

[20] 孙有中.课程思政视角下的高校外语教材设计[J].外语电化教学，2020，（6）：46–51.

[21] 王俊菊，卢萍.融合与融入：基于产出导向法的大学外语课程思政教学设计[J].外语教育研究前沿，2024，7（2）：29–37，92.

[22] 吴岩.新使命大格局新文科大外语[J].外语教育研究前沿，2019，2（2）：3–7，90.

[23] 肖维青.新时代大学英语教材"讲好中国故事"的内涵与实践[J].外语研究，2024，41（4）：55–59，66.

[24] 肖维青，赵璧.课程思政背景下的大学英语教材内容重构实践——以"大学英语课程思政数字资源包"建设项目为例[J].外语界，2023，（1）：57–65.

[25] 杨天娲.涉外法治人才培养的目标、意义与模式创新——基于中国政法大学与北京外国语大学联合培养项目的研究[J].中国法学教育研究，2023，（2）：244–264.

[26] 张法连. 新时代法律英语复合型人才培养机制探究[J]. 外语教学，2018，39 (3)：44-47.

[27] 张法连，孙贝. 法律英语专业设置内涵研究[J]. 中国ESP研究，2024，(2)：153-163，173.

[28] 张虹，李会钦，何晓燕. 高校英语教材使用及其影响因素调查研究[J]. 外语教学，2021，42 (4)：64-69.

[29] 张敬源，王娜，曹红晖. 大学英语新形态一体化教材建设探索与实践——兼析《通用学术英语》的编写理念与特色[J]. 中国外语，2017，14(2)：81-85.

[30] 张清，刘艳. 新时代涉外法治人才的多语能力培养探索——中国政法大学的人才培养实践[J]. 外语界，2023，(5)：23-30.

基于教学资源开发的中学英语教师知识发展路径研究

贾 蕃[1] 李 娇[2]

(1. 西南交通大学，四川成都 611756；2. 同济大学，上海 200092)

提 要： 数智时代，教材内涵已拓展至广义范畴的教学资源。本研究基于外语教师知识框架，采用历时性研究设计，探究教学资源开发过程中教师知识的动态发展过程。研究通过半结构化访谈、教学资源开发日志分析以及教学资源文本与素材等数据的收集，全面呈现教师知识演变的过程与特征。研究结果表明，教学资源开发有助于提升教师的学科知识、实践知识和人文知识，且三者呈现"学科知识奠基→实践知识深化→人文知识升华"的递进路径。在教学资源开发初期和中期，学科知识和实践知识交替增长，后期人文知识有所增长。这一动态发展过程表明，教学资源开发是实现中学英语教师知识发展的重要途径，应鼓励教师积极参与并为其提供拓展多维度知识的机会。

关键词： 教学资源；教材；教师知识；教师专业发展

Abstract: The scope of textbook has been expanded to teaching materials in the digital era. Based on the framework of foreign language teacher knowledge, this study employs a longitudinal research design to investigate the dynamic development of teachers' knowledge throughout the materials development process. The study collected semi-structured interview data, development logs, teaching materials, and related resources to comprehensively capture the processes and characteristics of teachers' knowledge development. The findings show that teaching materials development contributes to the development of teachers' subject knowledge, practical knowledge, and humanistic

作者简介： 贾蕃，博士，西南交通大学外国语学院副教授，研究方向：外语教材；李娇（通讯作者），博士，同济大学外国语学院助理教授，研究方向：外语教师发展、外语教材。

knowledge. In the early and middle stages of teaching materials development, subject knowledge and practical knowledge showed alternating growth, while humanistic knowledge increased in the later stages. This dynamic developmental process indicates that teaching materials development serves as a crucial pathway for the professional growth of secondary school English teachers. Therefore, teachers should be encouraged to actively participate in materials development, during which they are provided with valuable opportunities to expand their knowledge across multiple dimensions.

Key words: teaching materials; textbook; teacher knowledge; teacher professional development

1. 引　言

　　我国基础教育阶段高度重视教学资源的开发。教育部颁发的《中小学教材管理办法》指出，教师可根据本校教学实际补充相关教学资源，提高教学效率。作为教学生态的两大要素，教学资源和教学主体的关系密不可分。在备课过程中，中学英语教师根据已有教材进行资源开发已成为教学实践的重要环节。有研究从理论层面指出，教学资源开发可以激活教师的内驱动力，提高教学效率，提升教师专业化发展水平（贾蕃，张海燕 2023）。

　　教师知识作为教师发展的重要内容，得到外语教育界的进一步关注（张莲 2019）。教师需要通过教学资源开发，实现理论和实践的互动，不断提升自身的教学水平。这种知识转化的过程不仅是教师专业发展的核心机制，也是教师实现自我提升的重要途径。本文拟通过实证研究，考察中学英语教师在教学资源开发过程中的知识变化，以期为后续教学资源开发和教师专业发展路径提供参考。

2. 文献综述

2.1 教师知识

　　自20世纪90年代以来，教师知识逐渐成为教师专业发展的重要内容。教师专业发展本质上是一个不断转变和内化知识的过程。为更好地理解教师知识，国内外学者构建了诸多分类框架和模型。

Shulman（1987）归纳的七类教师知识框架在学界有较大影响力，包括学科内容知识、一般教学法知识、学科教学法知识、课程知识、学生知识、教育环境的知识、教育目的及价值的知识。其中，学科教学法知识在外语教师领域的实证研究中得到广泛关注。例如，Shi *et al.*（2022）聚焦幼儿英语教师的学科教学法知识，将其细分为课程知识、教学策略知识和学生知识三小类。

然而，Shulman（1987）的分类主要适用于教师的通识教学行为，在外语教学实践中存在一定局限性。在外语教学中，外语既是讲授的学科内容，也是教学法知识的一部分，两者有所重叠。基于此，国内学者吴一安（2008）提出了外语教师知识的三个维度，即技术性知识、实践性知识和解放性知识。技术性知识是指学科知识，对英语教师来说主要体现为英语知识与专业能力；实践性知识是指在教学实践中逐渐习得的体验性知识，包括英语教师掌握的教学技能以及对学习者、课程与教材的理解等；解放性知识涵盖教师的职业观、职业道德、职业态度和职业发展观等（吴一安 2008）。该分类方法在中国外语界得到了广泛认同，不少学者也基于此框架开展了大学英语教学资源的实证研究（刘传江，焦培慧 2017）。

李四清、陈坚林（2016）则构建了另一个三大维度知识框架，用以探究高校教师的教师知识和教学自主的关系。这三大知识包括学科内容知识、实践知识和人文知识。其中，学科内容知识与实践知识的内涵与吴一安（2008）提出的技术性知识和实践性知识的内涵相似。与前人不同的是，该研究提出的人文知识是对解放性知识内涵的进一步拓展，涉及教育观、心理特质、价值观等（邹为诚 2010），丰富了外语教师知识的内涵，具有较强的借鉴价值。

2.2 教学资源开发

随着信息时代的发展，教材的内涵已经从狭义的课堂纸质教材拓展为广义范畴的教学资源（Tomlinson 2012）。尽管外语教师作为教学资源开发者的角色在各学段中受到学术界的广泛关注（Yıldız & Harwood 2024；Li & Gao 2025），但中学英语教学资源开发具有其独特的特点。一方面，中学生处于认知能力迅速发展的阶段，因此中学英语教学资源开发更加关注趣味性和渐进性，这与小学阶段以游戏化和故事化资源为主，以及大学阶段以学术性和研究性资源为主的特征明显不同。另一方面，《普通高中英语课程标准（2017年版2020年修订）》对课程资源的开发提出了指导性意见，鼓励教师根据教情和学情创造性地开发英语学习资源。基于上述背景，不少文献探讨了中学英语教学资源开发的相关研究。

在教学层面，黄正翠（2022）研究了教师在中学英语教材活动开发中的策略，包括活动评估和使用决策两类。这些策略有助于提升教师的教学效果。在实证研究层面，Yang et al.（2024）探究了8位中学教师在教学资源开发中的专业发展，发现教师在这一过程中的发展体现在理论层面、实践层面和政策层面。Li & Gao（2025）的个案研究表明，外语教师积极投入教学资源开发活动，能够实现不同的个人专业发展路径。Bulusan（2024）构建符合菲律宾中学生需求的外语教学资源开发模式，并在开发过程中充分肯定了外语教师的重要作用。安琳（2012）采用问卷调查、教师日志、课堂教学实录等混合研究方法，证实了教学资源是促进中学英语教师发展的重要工具。

通过梳理文献，我们发现现有研究存在以下两点不足。第一，当前研究多从静态、共时的视角出发，鲜有研究聚焦教学资源开发过程中教师知识变化的动态性。教学资源开发是动态、发展的教学实践（贾蕾，张海燕 2024），不同阶段中教师知识的变化可能存在一定差异。第二，不少研究仅关注教师知识的单一维度。鉴于以上不足，本研究聚焦中学英语教师在教学资源开发过程中多种维度的教师知识发展变化。

3. 研究设计

3.1 研究问题

本研究旨在通过追踪6位中学英语教师的教学资源开发过程，深入分析教师知识发展的特点和路径，为外语教师专业发展提供借鉴与参考。具体问题如下：

（1）在中学英语教学资源开发的不同阶段，教师知识呈现出哪些发展特征？

（2）在教学资源开发过程中，教师知识的不同维度之间呈现怎样的互动关系？

3.2 研究对象

研究对象为六位西部高中英语教师，分别来自陕西、四川、贵州、云南、宁夏、甘肃六个省份。研究对象的选取遵循自愿和多样化的原则，综合考虑了学历、职称、研究方向、性别、教龄、学校类型（重点/非重点）等个体差异，以确保研究对象的代表性。表1展示了六名教师的基本信息（分别用T1到T6表示）。六名教师均针对《普通高中英语课程标准（2017年版2020年修订）》的要求，结合学生的入校英语水平，在备课组的安排下对使用的高中英语教材（必修一至必修四）进行了教学资源开发。

表1 教师信息简表

教师	性别	学历	职称	教龄（年）	专业
T1	男	硕士	二级教师	4	外国语言学及应用语言学
T2	女	本科	高级教师	24	英语
T3	男	硕士	一级教师	15	英语语言文学
T4	女	硕士	一级教师	6	学科教学（英语）
T5	女	硕士	二级教师	2	学科教学（英语）
T6	女	本科	高级教师	21	英语

3.3 数据收集

研究者收集了参与者的半结构化访谈数据，历时13个月。在教学资源开发的初期（第3个月）、中期（第9个月）和后期（第13个月）分别进行了一次访谈。访谈提纲涵盖教师资源开发背景信息、教学资源开发对教师知识影响、补充性问题三类问题。第二、三次访谈中，重点挖掘前一次访谈中教师未提及的新数据，力求达到数据饱和。每次访谈时长约半小时，采用面对面的方式进行。访谈结束后，研究者立即整理访谈重点，摘录要点和代表性话语，共计整理出77,212字的访谈记录。为保证数据效度，研究者将摘录数据发给访谈对象进行确认和补充。此外，每次访谈结束后，研究者还收集了教师的教学资源开发日志、微信沟通记录、电子邮件、教学资源开发文本与素材等数据的相关资料共计82份，并对这些数据进行文本分析，用于辅助分析访谈结果，形成结论的三角验证。

3.4 数据分析

基于相关文献，本研究构建了教学资源开发中的教师知识的分析框架，包括学科知识、实践知识和人文知识三个维度。为提高数据分析的可行性，研究者进一步对每个维度下的具体表征进行了提炼。学科知识的三类表征主要借鉴Shulman（1987）、吴一安（2008）对于学科知识的内涵界定。实践知识的三类表征与李四清、陈坚林（2016）和吴一安（2008）提出的实践性知识内涵基本一致。人文知识则回归到外语教师作为人的知识技能，包括人生观、价值观、思辨知识和合作能力等，以彰显外语教育作为人文社科的本质要求（李四清，陈坚林 2016；邹为诚 2010）。

数据分析主要采取自上而下和自下而上相结合的方式，对收集到的各类质性数据进行内容和主题分析。具体而言，研究者将数据逐一对应到学科知识、实践知识、人文知识维度下各自的表征（分析框架示例见表2）。在此基础上，研究者对相关数据进行深入解读和归类整理，以得出可靠的研究发现。

表2 教学资源开发中的教师知识分析框架

教师知识	表 征	数据示例	数据来源示例
学科知识	词汇、语法知识	查阅词汇用法，补充教学笔记	T2教学资源开发文本
	文学文化知识、语言学、翻译知识	询问外教美国文化常识	T3电子邮件
	听、说、读、写、译、语用与交际能力	"我感觉编阅读任务对我自己阅读能力提升很大。"	T4与T6微信记录
实践知识	教学技能、方法、组织与评价	教学资源开发目标和内容的撰写	T1资源开发日志
	学习者的需求、动机、策略、态度、兴趣	"我以前觉得做这些（教学资源开发）特别浪费时间而且没啥用。"	T3访谈
	课程定位、教学大纲、教学资源理解	"我对课标的核心素养有了具象化理解。"	T4访谈
人文知识	自我效能感与成就感	"这些可以用于职称评审，我自己觉得总算是有点显性成果的突破。"	T5反思日志
	合作能力、学习能力、创新能力、反思能力、逻辑思维能力	"我和教研组的协作和沟通能力明显增强。"	T1访谈
	职业道德与态度等职业观	教师在资源开发中明确标注素材来源	T6教学资源开发文本

4. 研究发现

4.1 教学资源开发初期的教师知识

在教学资源开发初期，教师的学科知识相较于开发前有较为显著的增长。例如，T4从目标语知识的层面指出："我觉得（通过）教学资源开发，自己的知识体系更丰富了，像U3（第三单元）里面提到的不同类型的英语幽默，有些我以前还真没意识到。"（微信，2023-8-29）

多数教师积极查找、反馈与修订语言要素、如词汇和语法知识。微信和邮件沟通记录显示，T1至T6都多次提到词汇、语法知识的提升，主要体现在对以往自身不清楚的内容进行了知识更新。T3在访谈中也表示："PPT里面单词的用法要特别准确，高考英语可能会考到，我们每个词都是查牛津、朗文这些权威的词典，找用法，有些词的用法以前不太确定，这一次就清楚多了。"（访谈，2023-8-29）

相比之下，在教育资源开发初期，仅有三位教师提到了其在实践知识方面得到增长，且其中有两位教师在表述时使用了"可能吧""差不多"等不确定性的表达方式。例如，T1在其教学资源开发日志中写道："我不大确定现在准备的素材是否达到了课程标准的要求，可能后面还得进一步核实。"（开发日志，2023-9-21）

总体而言，多种数据表明，教学资源开发初期教师学科知识的增长显著，但教师对于实践知识的获得感较为模糊。而在人文知识方面，教学资源初期增长较少，教师尚未充分意识到其重要性。

4.2 教学资源开发中期的教师知识

进入教学资源开发中期，教师的学科知识和实践知识相较于初期均有显著增长。这一时期，教师对教学资源开发的用途有了深入的思考，认为在教学资源开发的同时要对学习者进行需求分析，调整教学资源开发的角度、手段、内容，以满足学习者需求。

例如，新手教师T1在访谈中表示："之前我是觉得根据自己对教材的理解来（开发），教材中缺少的地方我就去网上检索，补充到教学资源里面。现在觉得这样做是不够的，没有考虑这些资源是否符合学生的水平，实际上应该考虑这些高中生到底需要不需要，要想办法提高他们的学习积极性。"（访谈，2024-2-21）

熟手教师T6有丰富的教学经验和教学资源开发经历。她作为课程组长，在与其他教师邮件沟通教学资源的选取时写道："教学资源的开发不能为了开发而开发，不仅要考虑语言知识本身，还需要考虑这些语言知识怎么教、为什么这样教的问题。我们开发的资源要有更深一层的教学意义。"（邮件记录，2024-3-12）这表明，教师在开发过程中逐步将理论应用于实践。这也与Tomlinson（2012）的观点一致，教学资源开发有助于教师深入理解外语教学的理论，从而将教学理论更好地投入到教学实践当中，因此教学资源开发是实现教师专业发展的有效方式。

另外，多位教师表示教学资源开发除了帮助其提高英语知识和能力外，还让他们在教学实践中对教学法有了新的认识。例如，T4在资源开发日志中写道："以前听不少讲座说，教学资源开发需要基于一定的教学理念开展，之前没太在意，这次编这个，让我重新审视了一下这个想法，教学资源开发需要有理论指导，因为这个出来后会影响老师的教学流程和方法。"（开发日志，2024-3-9）

然而，需要指出的是，教学资源开发中期教师人文知识的增长仍较为有限。虽有三位教师对人文知识的增长有所提及，但具体表征种类和频率都较少。研究者通过数据分析，并未发现教师在解放性知识的"自我效能感与成就感"和"职业道德与态度等职业观"表征上有体现，其他表征也仅有一位教师提及。例如T5的访谈中提及了反思能力："以前说实话是不会反思的，能把课上了就行了。但是现在开发教学资源，存在其他同事在审，给修改意见，每次反馈回来的修改意见都得逼迫自己去反思。"（访谈，2024-3-8）但在研究者的追问中，T5无法具体描述反思的内容和反思的方法，表明其仅处于表层意识阶段，而这种表层的意识影响力十分有限。

虽然本研究中六位教师的背景和教学经历不尽相同，但多种数据分析，结果呈现高度的趋同性：教学资源开发中期，教师感知到学科知识和实践知识的显著增长，但在人文知识方面仍缺乏充分认知。

4.3 教学资源开发后期的教师知识

教学资源开发后期，教师的学科知识和实践知识维度变化不大，教师的人文知识得到了全面增长，在各表征上均有显著提高，其中"合作能力、学习能力、创新能力、反思能力、逻辑思维能力"的提高得到了所有教师的认同。例如，熟手教师T2在访谈中提到了教学资源开发对职业观的影响："因为我已经是高级职称了，我之前上课都是根据自己的经验来进行，但教学资源开发要有负责的态度，毕竟将来其他学校的老

师和学生都会用，这是个良心活。"（访谈，2024-10-29）

而T4尽管仅有一次参与教学资源开发经历，但她表达了和T2类似的观点："这个不能太水了，得讲诚信，开始就想着赶紧完成任务就行，越到后来发现，比我资历高的老师、比我忙的老师都很认真对待这个事，我如果不认真，就拖大家后腿了。"（访谈，2024-10-29）

除此之外，教师在教学资源开发后期团队协作能力得到增加。由于教学资源开发的研究背景涉及文学、语言学、翻译、历史等多个学科，跨学科的交流与融合提高了沟通与协作能力。例如，T3在交流教学资源开发的微信聊天中向同伴T1说道："我学文学方向的，对怎么设计写作练习不太清楚，你这一次修改我就清楚了，应该给学生一个明确的guideline，不然他们确实不知道从哪入手，感谢……"（微信，2024-7-29）从研究人员收集的数据来看，在教学资源开发后期，教师们多次主动向同伴学习与沟通，从同伴的反馈与修改中积累了经验，对教学资源开发合作的模式表示赞同。

对于"职业道德与态度等职业观"方面的解放性知识，虽有半数教师在访谈中表示未得到明显收获，但研读教师开发的教学资源发现，所有教师对补充的素材均标明出处，具体到国外网站名称、日期、链接，甚至T3在微信中主动提出："我们是不是应该把之前所有的材料都回去明确参考文献，这也得体现我们的专业严谨态度，也给其他同行一个借鉴吧。"（微信，2024-8-9）这表明，在教学资源开发后期，教师对教学资源开发背后所体现的教育观和道德观有了更深入的认知。

5. 讨　论

5.1 教师知识的阶段性发展特征

Grossman（1990）认为，教师知识的发展需要经历从理论到实践的转化过程，而教学资源开发为这一转化提供了具体的实践场。在教学资源开发初期，教师的学科知识明显增长，实践知识有一定增长，而人文知识增长较少。这可能是由于作为外语教师已经具备丰富的学科知识，即语言知识，因此对于语言知识的学习会比较容易，知识增长幅度也比较大（李四清，陈坚林 2016）。本研究中，无论是新手还是熟手教师之前参与教学资源开发的经历都比较有限，因此，在此过程中实践知识有所增长但速度较慢。由于每位教师的时间和精力有限，他们在专注于学习学科知识时，用于学习和感悟人文知识的时间和精力就相对较少。另外，人文知识的增长更加需要教师作为人的感知力、观察力和思辨能力的融入，因此，我们认为这可能是导致教学资源开发初期人文知识增长较少的主要原因。

在教学资源开发中期，教师已经深度参与到教学资源开发的过程中，开始发挥其作为语言教师"教"的角色（夏洋等 2012），将教学资源开发与教学实践相结合，因此在教学资源开发过程中关注学习者的因素，并反馈其教学实践，在教学能力上有所提高（程晓堂 2009）。这充分体现了教师在教学资源开发中期实践知识相互促进、相互融合的过程（Li & Gao 2025），也显示出外语教师作为教学资源开发者其教学实践知识对其教学资源开发的影响。

在教学资源开发后期，教师逐渐开始关注教学资源的文化内涵和人文价值。通过对前期教学资源开发经历的反思，教师逐渐意识到停留在知识和技能层面的教学很难满足新时代国家对教师发展的需求。因此，教师更应从人本主义视角出发，关注学生的人文价值发展。这种转变也契合当前新质生产力理念的要求（郑咏滟，高雪松 2024）。本研究结果与贾蕃、张海燕（2023）的研究结果类似，教师只有经历过教学资源开发，且通常需要一定时间，才会对教学资源开发背后的人文价值有深入思考。我们认为，人文知识作为人的内核力量，也是近年来往往被忽略的层面。在教学资源开发过程中，教师尤其需要具备创新能力、感知力、沟通能力和职业道德观等核心人文素养。

5.2 教师知识的互动关系

分析数据发现，教学资源开发过程中，教师知识的不同维度之间存在显著的互动关系。一方面，学科知识是实践知识发展的基础，实践知识的发展也促进了学科知识的深化。这揭示了学科知识与实践知识之间的相互依赖关系。另一方面，人文知识的增长又与学科知识和实践知识形成了互动关系。例如，对T3微信记录的分析结果显示，人文知识的发展不仅依赖于学科知识的支持，还需要实践知识的转化能力。

总体来看，教师知识的互动关系可以用动态知识发展模型加以解释。该模型强调，教师知识的不同类型并非孤立存在，而是通过实践活动实现动态整合（Clarke & Hollingsworth 2002）。在教学资源开发过程中，学科知识提供了理论基础，实践知识实现了理论的应用，而人文知识则进一步提升了教学资源的文化价值和社会意义。本研究发现，教学资源开发过程中教师知识的变化符合Shulman（1987）提出教师知识分类的理论框架。与之不同的是，本研究发现教师知识的发展呈现出递进式的特征：从学科知识的奠基到实践知识的深化，再到人文知识的升华。这种互动关系体现了教师知识的系统性和递进性。

通过教师知识的视角，本研究进一步深化了对外语教师在教学资源开发中专业发展的理解。不同于以往研究主要关注外语教师在不同层面的发展（Yang *et al.* 2024），本研究从具象化的三类教师知识切入，动态呈现教师在教学资源开发过程中的知识成长轨迹，为教师专业发展路径的研究提供了更为深入的理解。

6. 结　语

本研究考察了6名中学英语教师在教学资源开发中知识发展的动态过程。研究发现，教师的学科知识、实践知识和人文知识均有所增长，且呈现出"学科知识奠基→实践知识深化→人文知识升华"的递进路径。值得注意的是，人文知识的增长主要集中在教学资源开发后期。我们应当鼓励教师基于现有教情和学情，在纸质教材的基础上进行教学资源开发。这一过程有助于教师由知识的"消耗者"转变为知识的"创造者"，已成为一种重要的教师专业发展路径。从社会文化视角看，教师专业发展需要互动协同（Lantolf & Thorne 2006）。优质的教学资源开发靠个体"单兵作战"较难完成，需要团队合作。中学英语教师不仅应当组建校内的备课组进行英语课程、教学资源与教法的经验交流，还可创建全新的交流学习平台，如跨越空间限制建立网络虚拟英语资源开发共同体，跨校、跨区域分享教学资源成果，学习新经验，寻求同伴互助，提升自身专业发展水平。

本研究尚存在以下两点不足：第一，本研究未考察6位教师在教学资源开发过程中知识增长的差异，今后研究可以对比不同背景教师专业发展路径，探索其异同点。第二，本研究仅对一个周期的教学资源开发进行了考察，未来研究可扩大教学资源开发的周期范围，以期为中学英语教师专业发展提供更全面的新思路。

参考文献

[1] Bulusan F. An emerging instructional materials design model for English as a second language (ESL) and English as a foreign language (EFL) senior high school contexts [J]. *Innovation in Language Learning and Teaching*, 2024: 1–14.

[2] Clarke D & Hollingsworth H. Elaborating a model of teacher professional growth [J]. *Teaching and Teacher Education*, 2002, 18(8): 947–967.

[3] Grossman P L. *The Making of a Teacher: Teacher Knowledge and Teacher Education* [M]. New York: Teachers College Press, 1990.

[4] Lantolf J P & Thorne S L. *Sociocultural Theory and the Genesis of Second Language Development* [M]. Oxford: Oxford University Press, 2006.

[5] Li J & Gao X. Language teachers' developmental trajectories as materials developers [J]. *TESOL Quarterly*, 2025.

[6] Shi X, Li X Y & Yeung S S. The pedagogical content knowledge of two novice Chinese early childhood EFL teachers [J]. *Language Teaching Research*, 2025, 29(4): 1525–1546.

[7] Shulman L S. Knowledge and teaching: Foundations of the new reform [J]. *Harvard Educational Review*, 1987, 57(1): 1–23.

[8] Tomlinson B. Materials development for language learning and teaching [J]. *Language Teaching*, 2012, 45(2): 143–179.

[9] Yang S, Sato M, Shu D & Wang B. Materials writing as a vehicle for teacher learning [J]. *ELT Journal*, 2024, 78(3): 273–283.

[10] Yıldız A & Harwood N. The art of the possible: The constraints associated with writing local TESOL textbooks [J]. *Applied Linguistics*, 2024, 1–20. https://doi.org/10.1093/applin/amae058.

[11] 安琳. 教材对教师信念和教学行为的影响研究[D]. 上海：上海外国语大学，2012.

[12] 程晓堂，康艳. 中小学英语教材编写的若干问题探讨[J]. 课程·教材·教法，2009, 29 (3): 39-45.

[13] 黄正翠. 新课标下高中英语教材活动的使用策略[J]. 中小学外语教学（中学篇），2022, 45 (12): 19-25.

[14] 贾蕃，张海燕. 教学资源开发对外语教师信息素养的影响研究[J]. 外语电化教学，2023, (5): 82-87, 113.

[15] 刘传江，焦培慧. 教材开发实践对大学英语教师专业发展的影响探究[J]. 江西师范大学学报（哲学社会科学版），2017, 50 (2): 126-133.

[16] 李四清，陈坚林. 高校外语教师知识结构与教学自主的关系探究[J]. 外语与外语教学，2016, (5): 88-96, 146.

[17] 夏洋，赵永青，邓耀臣. CBI课程改革背景下外语教师知识与教师心理的实证研究[J]. 现代外语，2012, 35 (4): 423-429, 438.

[18] 吴一安. 外语教师专业发展探究[J]. 外语研究，2008, (3): 29-38, 112.

[19] 张莲. 高校外语类专业教师知识基础及其建构与发展的现象图析学分析[J]. 解放军外国语学院学报，2019, 42 (5): 40-48, 159.

[20] 邹为诚. 中国基础英语教师教育研究[M]. 上海：华东师范大学出版社，2010.

[21] 郑咏滟，高雪松. 新质外语教育理念探讨[J]. 中国外语，2024, 21 (6): 4-11.

新文科背景下英语专业方向课程教材建设研究
——以英语史教材为例

傅 玉

（上海外国语大学 英语学院，上海 200083）

提 要：教材建设是学科建设的重要组成部分。本文以英语史教材为例，探讨英语专业方向教材的编写理念与建设路径。通过简要回顾英语史教材发展史，归纳与梳理当代原版英语史教材的共性、特点以及发展趋势，综述与评价国内出版的三本英语史教材，本文对国内英语史教材如何实现特色与创新提出了三点建议。这些建议对新时代、新文科背景下英语专业方向教材建设与研究具有重要的借鉴与推广价值。

关键词：英语史；教材；新时代；新文科

Abstract: Textbook construction is an essential component of discipline development. This paper takes the English language history textbooks as an example to explore the concepts and development paths of textbook compilation for English major courses. By briefly reviewing the development of English language history textbooks, summarizing and analyzing the commonalities, characteristics, and development trends of contemporary original English language history textbooks, and evaluating three English language history textbooks published in China, this paper proposes three suggestions on how English language history textbooks can achieve distinctiveness and innovation.

基金项目：上海外国语大学外语教材研究院2021年外语教材研究项目"《英语史》教材开发与课程建设"（编号2021SH0021）。

作者简介：傅玉，博士，上海外国语大学英语学院教授、博士生导师，研究方向：理论语言学。

These suggestions offer valuable insights for the construction and research of English major textbooks under the context of the new era and the New Liberal Arts.

Key words: English language history; textbook; New Era; New Liberal Arts

1. 引　言

2018 年，教育部颁布了《普通高等学校本科专业类教学质量国家标准》（以下简称《国标》）。作为高等教育教学质量的纲领性文件，《国标》明确指出，外语类专业是"人文社会科学学科的重要组成部分，学科基础包括外国语言学、外国文学、翻译学、国别与区域研究、比较文学与跨文化研究，具有跨学科特点"。《国标》要求外语类专业学生应具备人文与科学等学科素养，了解人文社会科学、自然科学等基础知识，掌握外国语言、外国文学、国别与区域等专业知识，形成跨学科的知识结构，并具备跨文化、思辨、研究、创新等专业能力。在《国标》的指导下，2020年出台的《普通高等学校本科英语类专业教学指南》（以下简称《指南》）进一步落实了《国标》所提出的外语类人才培养目标，明确了新时代英语学科的内涵与定位，突出强调了英语专业的跨学科、跨文化及人文性特质，为建设具有中国特色的一流英语专业指明了方向。

《国标》的课程体系分为通识教育课程、专业核心课程、培养方向课程、实践教学环节和毕业论文五个模块。其中，培养方向课程由专业知识课程和研究方法课程组成，分为必修和选修两个类别，主要包括语言学、文学、比较文学与跨文化、翻译、国别和区域等专业方向的系列课程。培养方向课程的重要性在于"担负着各外语类专业点特色培养、个性化培养的重任，是各专业点因校制宜、凸显人才特色的重要课程依托"（张文忠，孙有中 2022：902）。基于此，《指南》分别针对五个专业方向，各列出了11门专业方向课程，分别包括2门必修课程和9门选修课程作为参考，全面覆盖了相关专业领域的核心知识与技能，旨在为学生打下扎实的专业基础。其中，作为语言学专业方向的两门必修课程之一，英语史课程的重要性不言而喻。该课程以英语语言的历史演变为主线，涉及语言学、文学、文化学、历史学、社会学等多个专业领域。通过系统的英语史学习，学生可以对语言历史和发展过程形成全面、立体的认识，这不仅有助于提升他们的语言知识和文化素养，更有利于培养他们的批判性思维以及跨文化和跨学科的综合素养。

教材作为课程内容的载体，是教师组织教学活动的主要依据，也是学生开展学习的中心内容（徐锦芬 2023）。高质量的教材是落实立德树人根本任务，培养高素质人才的重要保证（梅德明 2022）。优秀的外语教材可将专业理念、人才培养目标有机融入教材设计和编写之中，与教学内容融为一体（查明建 2022）。鉴于此，本文以英语史教材为例，探讨在新时代、新文科背景下，英语专业方向课程教材的编写理念与建设路径。下文将首先梳理原版英语史教材的历史与现状、共性与特点，继而综述与评价国内出版的三本英语史教材，并在此基础上进一步探讨国内英语史教材如何实现特色与创新。

2. 英语史教材的历史、现状与发展趋势

从早期的日耳曼语到今天的全球通用语，英语经历了显著的变化。语言变化是内部因素和外部因素共同作用的产物（Bybee 2015）。内部因素来自语言系统本身，由语言的内在结构与功能所驱动，通常涉及语音、形态、句法和语义等；外部因素来自语言系统之外，通常涉及社会、历史、文化或语言接触等方面。英语史教材旨在为英语语言的历史提供全面系统的解释，既涵盖语言内部变化（如语音、语法和词汇的演变），也包括外部事件（如入侵、文化变迁和语言接触）。以下简要介绍英语史教材的发展历程，并从结构和主题出发分析当代英语史教材的共性与特点。

2.1 英语史教材的发展历程

随着语言学理论、教学法和高等教育需求的变化，以及新科技的不断发展，英语史教材经历了显著的变化。英语作为一门学科的研究最早可以追溯到18世纪，当时学者和语言学家开始关注英语语言的起源及其

与其他印欧语言的关系。然而，直到19世纪，历史语言学作为一门学科的发展，才使得英语语言史的研究逐渐形成更加系统和有条理的框架。早期的英语史教材通常是以附加在文本上的简短说明和词形变化范式概要的形式存在。随着时间的推移，这些简短说明逐渐被扩展为叙述性历史，成为如今比较常见的英语史教材的模式。

早期的英语史教材深受历史语言学的影响，重点研究古文献中的语言演变。例如，Robert Lowth（1762）的*A Short Introduction to English Grammar*和Henry Sweet（1892）的*A New English Grammar, Logical and Historical*等著作都是最早期的英语史教材。这些教材通常为高级学者和语言学家所编写，将古英语和中古英语视为历史研究对象，更侧重于语法、句法和词源学的讨论，较少关注语言变化的社会文化因素。此外，早期的英语史教材通常体现规定主义（prescriptivism）思想，致力于设定语言使用的标准和规范，甚至将某些语言特征的变化（如双重否定的广泛使用和非标准句法）视作衰退的表现（Sweet 1892），这与当代语言学界所广泛持有的描写主义（descriptivism）思想相悖。随着语言学的发展，尽管早期的英语史教材所提出某些理论、方法和观点被超越甚至被取代，但它们为英语语言的历史演变提供了系统的分析框架，是英语历史学和语言变化研究的基石。

20世纪，语言学成为一门正式的学术学科，这对英语史教材产生了重要影响。例如，Otto Jespersen（1905）的*Growth and Structure of the English Language*是20世纪初期英语史教材中的重要代表作之一。该书基于现代语言学理论，不仅呈现了语言演变的细节，尤其是语音、句法和词汇的变化，还将语言变化置于历史和文化背景中进行分析，展示了社会和政治事件如何塑造了英语的发展。Jespersen对语言变化的内在机制和自然发展的论述为后来的语言学研究提供了重要的理论框架，推动了描写主义语言学的兴起。这一时期，英语史开始成为语言学课程的重要组成部分，教材也逐渐融入了历史语言学的新见解，结合了文化背景以及社会因素的作用，开始强调语言的结构变迁及其与社会历史的互动，而不再是单纯地呈现英语语言的内部历史发展。

20世纪后期，跨学科研究方法逐渐融入英语史的研究中。功能语言学、生成语法等语言学理论被应用于探究英语内部的历史变迁；随着社会语言学的兴起和语言作为社会文化现象的逐渐被认可，社会语言学的视角也逐步被整合进教材，反映了人们日益关注英语如何在内部语言过程和外部社会因素的双重作用下发生变化。新的教材，如 *The Cambridge History of the English Language*（1992）既提供语言变化的技术性分析，也强调语言变化背后更广泛的社会、政治和文化因素——不仅关注诺曼征服、大英帝国扩张等重大历史事件对英语语言发展的影响，也重视英语的区域方言和非标准语体，承认语言变异在塑造英语历史中的作用。

时至今日，英语史教材仍在不断地发展。随着语料库语言学的兴起，语言变化被更加数据化和实证化地呈现。这为解释语言的历史演变提供了新的视角，使得英语史研究更加注重语言的实际使用和变化趋势。此外，随着数字化资源和在线平台的兴起，新的教材形式（如互动型、多媒体教材）也正在改变着英语史的教学和学习方式。例如，两本经典的英语史教材 *A History of the English Language*（Baugh & Cable 2012）和 *The Origins and Development of the English Language*（Algeo & Butcher 2013）目前都已分别更新至第六版和第七版，配有在线学习平台，提供互动练习、视频讲座、附加阅读材料和学习指南，鼓励学生探索包括牛津英语语料库或赫尔辛基语料库在内的数据库资源。

2.2 当代英语史教材的共性

英语史课程在英语国家的高等教育中占有非常重要的地位，尤其是语言学和文学专业领域，英语史教材数量也相当庞大。基于亚马逊网站的搜索功能，我们可以找到数百本英文原版的英语史教材。这些教材虽然在内容上各有侧重，在编写体例上亦有不同，但在结构安排和主题覆盖上体现共性。

首先，英语史教材通常以模块化的方式按照时间顺序组织结构——从古英语开始，经过中古英语和早期现代英语，最终进入现代英语，涉及语言学、历史事件、历史文本、代表性作家及作品等主题，如表1所示：

表1 英语史教材中的时间顺序结构

历史阶段	语言学和历史事件	历史文本、代表性作家及作品
古英语（约450-1150年）	英语的日耳曼根源，如何从原始印欧语派生而来，古诺斯语和拉丁语对其发展的影响。	《贝奥武夫》《盎格鲁－撒克逊编年史》
中古英语（约1150-1500年）	诺曼征服后法语对英语的影响，词尾屈折的衰退，句法和词汇的变化。	杰弗里·乔叟（约1343-1400年）的《坎特伯雷故事集》
早期现代英语（约1500-1700年）	元音大变化，文艺复兴对词汇的影响，英语语法和拼写的标准化。	威廉·莎士比亚（1564-1616年）的戏剧，包括《罗密欧与朱丽叶》《哈姆雷特》等
现代英语（1700年至今）	词汇的扩展，标准方言的兴起，英语作为全球语言的地位提升。	塞缪尔·约翰逊（1709-1784年）的《英语词典》

其次，英语史教材中的语言学主题以及其所涉及的语言内部变化大致如表2所示：

表2 英语史教材中的语言学

语言学	英语语言内部变化
语音学和音系学	语音的演变，特别是元音大变化和元音、辅音发音的变化。
形态学和句法学	语法结构的简化，如名词的格变化和动词的屈折形式的丧失。
词汇学	拉丁语、诺曼法语等外来语对英语词汇的影响。
语义学	词义的演变，包括词义变化和新词的产生。

第三，在当代英语史教材中，与英语史相关的重要历史事件都是不可或缺的内容，大致如表3所示：

表3 英语史教材中的历史事件

历史事件	对英语的影响
盎格鲁－撒克逊入侵（5-7世纪）	盎格鲁－撒克逊人（主要是盎格人、撒克逊人和朱特人）在公元5世纪左右来到不列颠岛，古英语取代了当地的凯尔特语。
维京入侵（8-11世纪）	维京人（讲古诺斯语的北日耳曼人）入侵并定居在英格兰的北部和东部地区，许多古诺斯语词汇进入了英语。
诺曼征服（1066年）	诺曼征服导致英语与诺曼法语的接触，诺曼法语成为宫廷、法律和教会的语言，英语借入了大量的法语词汇
印刷术的发明（15世纪）	约翰内斯·古腾堡发明印刷术并传播到英格兰，导致了书籍的批量生产并促进了语言的标准化。

历史事件	对英语的影响
文艺复兴时期（14-17世纪）	文艺复兴时期，古典拉丁语和希腊语的复兴促进了大量古典词汇和思想的借入，扩充了英语的词汇。
大英帝国和殖民扩张（16-20世纪）	大英帝国的建立使得英语传播到全球，尤其是在美洲、非洲、亚洲和太平洋地区的殖民地，衍生出各种英语变体。

需要说明的是，以上仅包含了英语史教材中最广泛提及的重要历史事件，偏重社会文化领域的英语史教材还会涉及更多的历史主题。例如，1347年-1351年的黑死病的爆发、1642年-1651年的英国内战、18世纪-19世纪的工业革命等历史事件都对英语语言的演变产生的重要的影响。

2.3 当代英语史教材的特点

尽管在所覆盖的语言学主题和历史事件上存在共性，不同的英语史教材在内容的深度、广度和侧重点上有所区别，在编写体例上也各有特色。例如，一些教材提供详细的词汇表、时间线和语言学术语注解，以帮助学生理解复杂的语言学内容；一些教材则包含练习题、阅读材料和在线资源，如互动练习或历史文本的音频录音，帮助学生深入探索语言变化的细节；还有一些教材可能会包括原版的古英语或中古英语文本、现代翻译和语言学分析，帮助学生参与分析历史文本或语言数据。一些新近出版的教材还融入了现代语言学方法，如语料库语言学，利用历史文本数据库探讨语言变化，包括对不同时期的词汇使用、语法结构的详细分析；还有一些教材纳入了关于英语史的最新研究成果，包括语言接触、双语现象、英语全球化地位的演变等。

至于如何处理语言学理论与历史文本之间的关系，原版英语史教材通常采用"自上而下"或"自下而上"两种不同方式。自上而下的方式是先介绍语言和语言学起源、语言变化的理论、书写系统、语音转写等，然后再深入探讨英语历史的各个阶段，包括其历史文本；自下而上的方式是从每个历史时期的具体文本入手分析语言，并通过对比现代英语来研究历史文献。这两种方式各有利弊，自上而下方式的优点是先从系统的语言学专题扩展开来，帮助学生在接触真实文本语料之前，先建构一个相对完整的语言学知识体系。但这种方法并不适用于以文学为侧重的英语史课程。例如Charles Barber、Joan Beal和Philip Shaw合著的*The English Language: A Historical Introduction*（2009），书中在较后章节才引入历史文本的具体内容。相比之下，自下而上的方式将一系列历史文本放在前面，这样关于音素、词尾变化和句子结构的章节便可以与原始材料的选段紧密联系，从而鼓励学生将这些文本与现代英语的词汇和结构进行对比。例如，Charles Barber所著的*Early Modern English*（1997）以四段散文开篇，每段散文大约相隔60年，通过对比分析这些段落在标点、拼写变化、助动词do的使用规范化程度上的变化，揭示了英语在不同历史阶段的语言特征。这种方式有助于学生尽早关注到英语中的高频词汇（例如代词）的变化，尽管这些词的意义和语境不断变化，不再是最早被标准化的词汇，但它们的功能却从古至今最为持久。自下而上的方式给予学生更多探究文本的乐趣，但也可能导致他们忽略了屈折形式和语法结构的变化。

3. 国内英语史教材述评

相比数量庞大的原版英语史教材，由中国学者编写、国内出版社出版的针对中国读者的英语史教材却颇为罕见。据笔者统计，在不同时期出版了三本有一定影响力的英语史教材，具体如表4所示：

表4 国内出版的英语史教材

书名	作者	出版年	出版社
《英语简史》	秦秀白	1983 年	湖南教育出版社
《英语史》	李赋宁	1991 年	商务印书馆
《英语发展史》	张勇先	2014 年	外语教学与研究出版社

秦秀白编著的《英语简史》共分10章，包括绪论、英语的起源、古英语、中古英语、早期现代英语、"理性时代"与英语的"规范化"、19世纪以来的英语、美国英语、美国英语与英国英语的差异、结束语。

另外还包括3个附录，分别是英格兰、联合王国统治者一览表、印欧语系主要语言一览表、世界主要国家的语言使用情况。总体而言，该书在结构安排上按照时间顺序，基于英语语言的历史分期，依次介绍了社会文化历史背景、拼写与读音、词汇与语法等主题，偶有穿插简短的历史文本节选（"凯德蒙赞美诗"《盎格鲁-撒克逊编年史》《坎特伯雷故事集》），并附有现代英文译文。对于所选的历史文本，作者仅简要概述主要内容和修辞特点，并未提供详细讲解。

李赋宁编著的《英语史》共分8章，内容包括英语的历史和现状、英语和其他语言的关系、古英语、中古英语、早期现代英语、17、18世纪英语、19世纪和20世纪英语、美国英语。另外还包括11个附录，分别是印欧语系各语言、古英语名词、古英语代词、古英语形容词、古英语动词、中古英语元音分布图、中古英语第三人称代词分布图、中古英语动词词尾分布图、《马太福音》各时期的翻译、古英语入门、阅读材料（早期英语读本，共计17篇）。总体而言，该书偏重语言学主题，通过大量例子详细介绍英语语言在各个历史阶段的读音和拼写、名词、形容词、代词、动词、句法、屈折变化等特点，并将语言分析融入历史文本的解读中。以古英语为例，该书在附录部分提供了8篇选文，包括"凯德蒙赞美诗"《贝奥武夫》等，每一篇都附有辅助阅读的文本注释，帮助学生对古英语产生使用者一般的亲身体会。此外，该书着重探讨古英语、中古英语和早期现代英语，相关内容占据了全书三分之二的篇幅。英语历史虽然不长，但变化却剧烈而彻底，对这三个历史阶段的浓墨重彩足见作者的良苦用心，旨在帮助学生打下扎实的语言学基础，掌握历史文本的阅读能力，以便于日后深入开展语言学和文学研究工作。此外，该书的另一特色之处在于每章结尾都罗列了该章的参考书目，以供读者进一步研读。

张勇先所著的《英语发展史》共分8章，内容涵盖认识英语、古英语、中世纪英语、早期现代英语、现代英语、英语词汇以及英语修辞、风格和文体、英语变体、英语对汉语的影响。其中，前五章的末尾附有相关历史阶段的英语大事记，全书末尾还包括三个附录，分别是英语发展年代表（与汉语发展对照）、英语发展史涉及的主要人物、英语发展史涉及的英文关键词。总体而言，该书更侧重于英语语言的社会文化历史，这亦可以从该书的英文标题"From English to Globlish: A Socio-Culture History of the English Language"窥见一斑。该书虽然介绍了英语语言在不同历史阶段的语音、形态、句法等特点，但更多篇幅是用来探讨这些演变背后的历史文化背景，涉及政治、宗教、经济、军事、贸易、体育等多个话题，涵盖词汇学、文学、跨文化交际和翻译学等多个领域。该书尤其关注现代英语阶段，相关内容占据了全书接近三分之二的篇幅。从某种意义来说，该书更像是一本关于英语史的百科全书。此外，该书还将一些英语史上的关键时期与中国相应时期进行比较，这不仅有助于中国学生对时间轴上的这些历史节点形成更加感性的认识，还有利于他们进一步开展中英文化比较研究。另外值得一提的是，该书印刷精美、图文并茂、语言风趣幽默，非常具有可读性。

综上所述，三本国内英语史教材各具特色，体现了编著者扎实的学术功底。但同时我们也应该看到，传统的英语史教材通常侧重于书本知识输入和传统课堂讲授，而现代教育更加注重批判性思维和创新能力的培养，并借助现代教育技术实现跨学科整合以及数字化学习，提升整体学习效果和学生参与感。鉴于此，新时代、新文科背景下的英语史教材有必要与时俱进，适应科技发展和教育模式的变化，着重培养学生的研究和创新能力、批判性思维以及跨学科和跨文化综合素养。

4. 新时代、新文科背景下英语史教材建设的几点建议

基于当代原版英语史教材的共性、特点以及发展趋势，结合我国新时代、新文科的背景下的高等教育需求，我们认为国内英语史教材编写应在以下几个方面体现特色与创新：

4.1 传统与现代相融合

英语史作为语言学专业方向课程，《指南》建议安排在第六学期。考虑到学生届时已经完成了"语言学概论"课程（《指南》建议安排在

第四学期）的学习，系统掌握了语言学基础知识，我们可以将英语史教材设计为围绕语言学主题，而非历史时期展开。教材内容分为六个模块：历史概述、语言学概述、语音学和音系学、形态学和句法学、语义学和词汇学、共时变异。历史概述将历史材料作为一条连续的叙事在课程开始时呈现，而不是将其分割成每个历史时期的独立讨论。这样做的目的是为学生提供一个背景，以便他们在整个课程中运用和参考。语言学概述统揽整个学期所需要的语言学概念，除了传统的语言学基础知识之外，这一板块可以融入现代语言学成果，结合现代语言学理论（如生成语言学、功能语言学、社会语言学、语言习得理论等），使教材更符合现代学术研究的趋势。语音学和音系学、形态学和句法学、语义学和词汇学都是语言变化的不同方面，每个方面都有一个连贯的历时发展脉络。最后一个模块，共时变异，讲解今天英语的现状，包括地区和社会变体以及世界英语。

4.2 跨学科知识相整合

新时代的新文科强调跨学科知识的整合，英语史教材不仅涉及语言学，还涉及文学、文化、社会、历史等其他领域。英语史也不仅局限于英国或美国的语言发展，还覆盖全球英语的演变和跨文化交流的影响。随着社会、文化和科技的不断进步，英语语言本身也在发生深刻的变革。因此，英语史教材应当强调语言的动态性和时代性，探讨当代英语的特征及其在全球化背景下的发展方向。此外，英语史教材不仅要关注语言本身的演变，还应通过分析语言历史中的文化冲突、融合和变迁，帮助学生更好地理解语言和文化之间的关系，从而提升学生的跨文化理解和沟通能力。鉴于此，我们建议在英语史教材中将英语语言的外部历史整合为三个主要类别：语言规划、语言使用和语言接触。语言规划涉及英语的规范化过程，如字典和语法书的发展；语言使用涉及英语被推广到新的领域、被用作新的用途以及著名语言实例，如各个历史时期代表性文学作品；语言接触涉及一种语言对另一种语言的影响，例如英语中的大量词汇都是语言接触的结果。值得注意的是，外部历史事件往往彼此关联：与语言接触相关的事件可能会转变为语言规划的问题，例如大英帝国通过语言政策将英语强加给被征服的人民；与语言使用相关的事件也可能是语言接触的实例，例如借用了大量拉丁语词汇的英语如今在众多学术领域取代了拉丁语；语言使用与语言规划也经常交织在一起，例如著名英文作品被当作规范化英语的模范样板。将英语语言的外部历史整合为三个事件类型为学生认识外部事件的彼此关联提供了一种启发式方法，这有助于提升他们的跨学科和跨文化综合素养。

4.3 知识与能力相结合

《国标》重点强调对外语类专业学生的批判性思维和创新能力的培养，这要求在实际教学过程中，注重提升学生的问题意识，鼓励他们独立思考和多角度分析，提供解决复杂问题的实践机会，并引导学生进行自主探索和合作学习。因此，好的教材应该注重激发学生的思维深度与广度，设计具有挑战性和启发性的学习任务，同时提供多元化的学习资源和评价机制，帮助学生在理论学习与实际操作中实现知识的深刻理解与创新性应用。鉴于此，我们建议英语史教材可以在每个章节的练习部分安排一些以研究为导向的题目，鼓励学生通过自主学习、小组合作、课外实践等方式，进行与英语史相关的研究，增强其参与感和实践能力。例如，可以让学生使用牛津英语词典探究英语词源，帮助他们独立地了解英语历史阶段的语言系统；也可以引导学生利用在线历史语料库，自主分析不同历史时期的历史文献和文学作品，提升他们的学术研究能力。此外，随着现代教育技术的发展，英语史教材还可以结合多媒体、虚拟现实等融媒体技术，设计互动式的学习体验。例如，通过数字化平台展示英语各个历史阶段的语音、词汇、语法变化等，使学生能更直观地感受语言的演变过程。

5. 结　语

教材建设是学科建设的重要组成部分，它不仅直接影响教学质量和学生的学习效果，还对学科的发展方向、知识体系的构建起着关键作用。教材作为教学资源的核心载体，不仅要准确传达学科的基本知识，还要符合学科的发展前沿、教学的实际需求和社会的变革趋势。本研究简要回顾了英语史教材的发展史，归纳与梳理了当代原版英语史教材的共性、特点以及发展趋势，综述与评价了国内出版的三本英语史教材。在此基础上，结合我国新时代、新文科背景下的高等教育需求，本研究对国内英语史教材如何实现特色与创新提出了三点建议：传统与现代相融合、跨学科知识相整合、知识与能力相结合。这些建议旨在帮助学生深入理解英语语言的历史及其与社会、文化、科技等多方面的互动关系，同时提升他们的研究和创新能力、批判性思维以及跨学科和跨文化综合素养。从广义上讲，这些建议对新时代、新文科背景下英语专业方向教材建设与研究具有借鉴与推广价值。

参考文献

[1] Algeo J & Butcher C A. *The Origins and Development of the English Language* (7th Ed.) [M]. Boston: Wadsworth Publishing, 2013.

[2] Barber C. *Early Modern English* [M]. Edinburg: Edinburgh University Press, 1997.

[3] Barber C, Beal J, & Shaw P. *The English Language: A Historical Introduction* (2nd Ed.) [M]. Cambridge: Cambridge University Press, 2009.

[4] Bybee J. *Language Change* [M]. Cambridge: Cambridge University Press, 2015.

[5] Baugh A C & Cable T. *A History of the English Language* (6th Ed.) [M]. London: Routledge, 2012.

[6] Hogg R M (ed.). *The Cambridge History of the English Language* [M]. Cambridge: Cambridge University Press, 1992.

[7] Jespersen O. *Growth and Structure of the English Language* [M]. Leipzig: Breitkopf & Härtel, 1905.

[8] Lowth R. *A Short Introduction to English Grammar with Critical Notes* [M]. London: J. Hughs, 1762.

[9] Sweet H. *A New English Grammar, Logical and Historical* [M]. Oxford: Clarendon Press, 1892.

[10] 教育部高等学校教学指导委员会. 普通高等学校本科专业类教学质量国家标准（上）[M]. 北京：高等教育出版社，2018.

[11] 教育部高等学校外国语言文学类专业教学指导委员会.普通高等学校本科外国语言文学类专业教学指南（上）——英语类专业教学指南[M].上海：上海外语教育出版社，2020.

[12] 李赋宁.英语史[M].北京：商务印书馆，1991.

[13] 梅德明.培根铸魂、启智增慧——编写新时代高质量英语精品教材[J].外语教材研究，2022，(0)：44-59.

[14] 秦秀白.英语简史[M].长沙：湖南教育出版社，1983.

[15] 徐锦芬.外语教材建设：教师专业发展新途径[J].外国语，2023，46 (6)：12-19.

[16] 查明建.卷首语[J].外语教材研究，2022，(0).

[17] 张文忠，孙有中.基于《国标》的外语类专业点"培养方向课程"模块建构[J].外语教学与研究，2022，54 (6)：902-911，960.

[18] 张勇先.英语发展史[M].北京：外语教学与研究出版社，2014.

日本小学英语教材中的国际理解教育内容分析研究
——以日本《新视野小学英语》教材为例

董 剑[1] 洪成文[2]

(1. 北京师范大学珠海校区 未来教育学院，广东珠海 519000；2. 北京师范大学 高等教育研究院，北京 100875)

提 要： 对各国小学英语教材中国际理解教育内容的研究，能够为我国开展国际理解教育和英语教材编写带来新的启示。本文简要梳理了日本小学英语教育的发展历程和国际理解教育的现状，并以日本《新视野小学英语》教材为例，基于Collins等学者提出的国际理解教育三大领域划分，运用内容分析法对教材进行编码统计，以国际话题、各国文化和国际交流三大主题群下的主题为基本单位，详细分析了教材中的国际理解教育内容构成。基于该分析结果，从民族多样性、现代信息技术、涉及国家范围、本国文化传承等几个方面提出了在小学英语学科中优化国际理解教育实施和教材编写的建议。

关键词： 日本小学英语教材；国际理解教育；《新视野小学英语》；内容分析法；教材编写

Abstract: Research on Education for International Understanding (EIU) content in elementary school English textbooks across nations will provide valuable insights for advancing EIU implementation and textbook development in China. This paper briefly outlines the historical evolution of English education in Japanese elementary schools and the current status of EIU in Japan. Using Japanese textbook *New Horizon*

作者简介： 董剑，北京师范大学在读教育博士，中小学高级教师，东莞市南城小学英语教研员，研究方向：课程与教学；洪成文，博士，北京师范大学高等教育研究院教授，中国高教学会学咨委，研究方向：课程与教学、政策与管理、比较教育研究。

Elementary English Course as a case study, this paper applies the tripartite framework of EIU proposed by Collins *et al.*, categorizing content into three thematic clusters — global issues, multicultural perspectives, and International communication. The study employs content analysis methodology, including systematic coding and statistical evaluation, to examine the representation of EIU elements within the textbook at the thematic level. Based on the findings, the paper proposes recommendations for optimizing EIU integration in elementary English education and textbook design, focusing on ethnic diversity, modern information technologies, cross-national coverage, and preservation of national cultural heritage.

key words: Japanese elementary English textbooks; Education for International Understanding (EIU); *New Horizon Elementary English Course*; content analysis; textbook compilation

1. 引 言

2016年《中国学生发展核心素养》总体框架将国际理解纳入核心素养体系中，明确提出培养中国学生的全球意识及对世界多元文化的认知，建立积极参与跨文化交流，共同关注人类面临的全球性挑战的理念（教育部 2016）。随着构建人类命运共同体这一重大命题逐步深入人心，充分发挥英语课程育人价值、开展国际理解教育的探索具备了现实意义。《义务教育英语课程标准（2022年版）》在教学建议中也针对国际理解教育提出了"引导学生了解不同国家的风土人情、文化历史，以及科技、艺术等方面的优秀成果，进行中外文化比较分析，拓宽国际视野"的目标（教育部 2022）。

各国在中小学国际理解教育的实施路径各具特色，通过对各国教材中国际理解教育内容的梳理归纳，可以为我国中小学有效开展国际理解教育带来启示。日本作为国际理解教育的重要推动国之一，其中小学国际理解教育经历了从紧随联合国教科文组织步调到建立具有自身特色的国际理解教育体系的四个发展阶段（张蓉，谢聪 2017），其经验值得关注，尤其在文化传统相近的背景下，对我国具有较强的适应性参考意义。

2. 日本小学英语教育

日本的小学英语教育曾因1977年日本政府正式推行"宽松教育"而一度停滞不前，其国内对于是否有必要在小学阶段开设英语课程一直存在较大争议（孙辉 2020）。直至2011年，日本文部科学省才将"英语活动课"正式列入小学义务教育课程大纲，全面开展小学阶段的英语教育。考虑到学生进入中学阶段的英语基础和教育机会均衡问题，规定从小学五年级开始，每周开设一学时的英语课程（周琳 2012）。2014年，日本文部科学省在全球化浪潮下启动了新一轮的外语教育改革，借鉴《欧洲语言共同参考框架》的体系，重新设计系统的日本《外语共同参考框架》（CEFR-J），并明确了通过语言学习深化对外国文化理解及培养交际能力的具体目标。

在英语教学组织形式方面，区别于我国英语教学，日本小学英语教学主要借助唱歌、游戏等形式或与国语课、美术课、音乐课等学科融合开展跨学科教学，这种以"体验"为主的课程被称为"外语活动"（李晓红 2014）。师资构成主要有三类：全科老师、英语专科教师以及外教，其中由外教与日本教师合作的教学方式，有助于将国际理解教育融入课程中。

从日本国际理解教育发展脉络来看，其小学国际理解教育起步较早，在理论研究及实践探索方面都较为深入，致力于打造具有本国特色的国际理解教育体系。进入21世纪后，日本政府对国际理解教育的重视程度不断提高，不仅设有专门的政府机构进行管理，而且能根据时代发展特征适时调整教育相关政策，从而稳步推动国际理解教育发展（张蓉，谢聪 2017）。在实施途径上，日本中小学国际理解教育的开展主要通过两个途径：一是组织国际交流活动，如部分中小学会定期组织"体验留学"活动，将在日本居住的外国学生安排到当地公办学校体验，以促进学生对异国文化的亲身感受。此外，学校或当地社区也会组织跨文化交流活动，如从当地大学邀请各国留学生们身穿民族服装参加活动，分享各国食物或文化。二是将国际理解教育全面渗透到各学科教学中，如在英语活动中，通过外教与日本教师合作教学的模式，以世界各国文化交流和理解为话题开展教学单元；在地理学科中，引导学生发现日本与世界的联系，从更广阔的视角理解日本国土的地域特点以及不同国家和地区之间的关联（王威 2008）。其中，通过英语学科渗透国际理解教育是重要途径之一，而各种类教材又是其主要的内容载体，具有重要的研究价值。

有鉴于此，本文将以日本《新视野小学英语》教材为例，系统分析其中的国际理解教育内容，对其设计理念进行深入探讨，以期为我国中小学英语教学中国际理解教育的开展提供新的视角，同时为我国中小学英语教材的研究和开发提供借鉴。

3. 日本《新视野小学英语》教材国际理解教育内容分析

3.1 研究对象

本文将以日本教材《新视野小学英语》（*New Horizon Elementary English Course*，2023年版，以下简称《新视野》）为研究对象。该套教材经日本文部科学省审后，由日本最大的教材出版企业东京书籍株式会社出版，供日本5、6年级的学生使用，共2册，在日本发行覆盖范围广泛，使用人数较多。教材以"引入世界多国文化，培养多文化共生、国际合作、尊重生命、丰富情操与道德心""培养全球化时代所需的基础沟通素养与能力""作为全球公民，通过英语培养社会参与意识及贡献态度""通过传统文化培养向世界传播日本魅力的意识""理解并尊重海外文化与生活，培养为国际和平与发展贡献的态度"等五个视角为主要设计特色，涉及丰富的国际理解教育内容。

该教材以国际交流为主要背景，其中《新视野5》的主题为"连接日本的我们""将日本介绍给世界""你想知道的世界是什么？"，《新视野6》的主题为"与世界连接的我们""用英语来描述世界""世界遗产"。书中主要人物包括来自澳大利亚的学生Sophia，来自巴西的Lucas，来自肯尼亚的Nadia，来自日本的Saki和Daichi，故事围绕他们在日本的生活展开，涉及国际理解教育的内容集中在Starting Out和Over the Horizon两个板块，呈现形式多样，涵盖图片、图文、对话、视频（情境

中的对话为主）、短片（有主题的展开叙述）、地图、时间轴（将事件
或人物以时间顺序展示）、讨论及语音等。

《新视野》全套书按照年级设置，每册均包含8个完整单元与3个检
测单元，五、六年级两册共计16个完整单元与6个检测单元。另外，各册
书都有配套多媒体资源、电子地图（日本地图与世界地图）、电子单词
词典和单元活动贴纸。每个单元都由4个板块组成，板块内设置不同类型
的语篇或学习活动，紧密围绕单元主题展开。具体如表1所示。

表1 日本《新视野》教材单元架构

序号	板块	内容
1	Starting Out	听录音思考、观看思考、阅读与写作（书写）
2	Your Turn	一起观看、一起听音、一起尝试
3	Enjoy Communication	小小模拟对话
4	Over the Horizon	《新视野5》：探索文化、探索日本、探索语言 《新视野6》：探索文化、探索世界、探索故事 单词检测
5	Sounds and Letters	《新视野5》：规范书写 《新视野6》：句子写作
6	Let's Chant	韵律诗：多媒体资料
7	Let's Sing	主题歌曲：多媒体资料

3.2 研究问题

本文聚焦两个问题：（1）《新视野》教材中涵盖的国际理解教育主
题的分布范围是什么？（2）国际理解教育话题在教材中的出现频次及呈
现形式是怎样的？

3.3 研究方法

本文采用内容分析法，该方法是一种对研究对象进行客观、系统和
定量描述为主的研究方法。本文通过对《新视野》教材内容进行编码分
类统计，量化呈现编码后的国际理解教育内容主题范围、分布频率等，

再利用质性分析对统计结果进行进一步探讨，总结其国际理解教育内容的设计思路和特点。

3.3.1 内容分析框架

本文的分析框架以Collins、Czarra和Smith等美国学者提出的关于国际理解教育的三大领域为基础，它是Collins等美国学者基于各国教育研究人员和从业者对K12国际教育实施建议的研究，从国际理解课程设计的角度上提出的三个相对宽泛的主题群包括全球挑战与热点议题、全球文化与世界格局和全球联结，用于指导本土的课程决策（Collins *et al.* 1998）。本文结合小学英语教学实际情况，将分析框架划分为国际话题、各国文化、国际交流三大主题。其中国际话题主要包括跨民族交流、环境保护、疾病防控等全人类需共同面对的热点问题；各国文化主要包括各国历史、风土地理、重要人物、传统食物、流行运动、情感行为、传统节日等异国的物质或非物质文化；国际交流主要包括国际组织、跨国文化交流、国际贸易、网络、移民等。具体分类如表2所示。

表2 国际理解教育内容分析框架

主题	1 国际话题	2 各国文化	3 国际交流
话题	1.1 跨民族交流 1.2 卫生健康 1.3 生态环境 1.4 安全和平	2.1 风土地理（国家、城市位置、标志性建筑） 2.2 历史文化 2.3 风俗礼仪（传统技艺、节日、食物、运动） 2.4 情感人生 2.5 民族宗教 2.6 思维行为 2.7 人类成就	3.1 文化交流 3.2 人口流动 3.3 国际组织 3.4 经济贸易 3.5 竞争合作 3.6 网络咨询

3.3.2 分类统计方法

本文依据上述国际理解教育分析框架中对主题及话题的分类，具体观察并记录《新视野》教材中的语篇、配图、对话和多媒体材料等内容，使用Excel工具统计国际理解教育内容在教材中出现的数量与分布情况，并对各话题在教材中的呈现形式进行记录。

编码规则为"主题·话题—教材·单元—次数"。其中，主题对应国际话题、各国文化、国际交流三大主题；话题为主题下的细分领域，如风土地理、历史文化、风俗礼仪等；教材对应《新视野5》《新视野6》；单元对应教材所处的具体位置，如《新视野5》第五单元编码标记为：5-5；次数为同一话题累计出现次数。

例如，在《新视野5》第一单元的Starting Out板块配套的视频材料中呈现了澳大利亚地图的内容，则统计在各国文化主题中的风土地理板块，记作1次，按照"分类—所处单元—次数"的顺序，标记为"2.1-5.1-1"。

在编码过程中，首先基于分析框架，初步确定每个主题及其话题的范围，由三位研究人员共同讨论，对应《义务教育英语课程标准（2022年版）》（教育部 2022）进行了细节上的修订，并选取《新视野6》中的一个单元进行分析结果对比，确保编码结果的一致性。最终得到《新视野》教材国际理解内容分布情况（见表3、表4）

表3 《新视野5》国际理解内容分布情况

主题	话题	内 容	呈现形式
国际话题	1.1 跨民族交流	1.1-5.1-2（来自不同国家的人进行自我介绍）	图文
	1.2 卫生健康	1.2-5.1-1（传染病预防）；1.2-5.8-1（常见疾病应对）	对话
	1.3 生态环境	无	无
	1.4 安全和平	无	无
各国文化	2.1 风土地理（国家、城市位置，标志性建筑）	2.1-5.1-3（澳大利亚、迪拜、韩国）；2.1-5.3-1（尼泊尔与珠峰）；2.1-5.5-4（纽约、帝国大厦、时代广场、危地马拉）；2.1-5.6-1（斯洛文尼亚）；2.1-5.7-5（日本弘前、尾濑国家公园、丰似湖、白川村庄、富士山）	地图图片视频对话
	2.2 历史文化	2.2-5.1-1（阿伊努人文化）；2.2-5.3-1（夏尔巴人文化）	短片
	2.3 风俗礼仪（传统技艺、节日、食物、运动）	2.3-5.1-3（巴西足球、英式橄榄球、鳄鱼肉排）；2.3-5.2-7（生日聚会、澳大利亚英式橄榄球队、泰国泼水节、蒙古那慕达节、美国热气球、复活节、陶艺技）；2.3-5.3-8（躲避球、竖笛、美国波士顿棒球队、法国人常用手语、意大利人常用手语、美日常用手语对比、伐木工）；2.3-5.4-5（家庭相册、澳大利亚考拉、泡芙、木屐、加拿大魁北克人的法语）；2.3-5.5-3（大阪烧的制作、危地马拉辣椒、巴西人的葡萄牙语）；2.3-5.6-9（巴西传统美食、比萨、中东和非洲人饮用骆驼奶、米饭布丁、各国餐具、斯洛文尼亚药草茶、滑雪运动、茶艺）；2.3-5.7-8（日本铁壶文化、梵高画作《唐吉老爹》、莫奈画作《穿和服的女子》、日本精神、影响世界的日本文化、相扑、卡拉OK、中国菜）；2.3-5.8-1（日本漆画艺术）	视频短片图文对话讨论语音

主题	话题	内　容	呈现形式
	2.4 情感人生	2.4–5.8–1（谁是真正的英雄）	对话
	2.5 民族宗教	无	无
	2.6 思维行为	2.6–5.3–1（国际通用规则标志）；2.6–5.4–2（英语与日语的一词多义现象、法语与英语发音差异）；2.6–5.5–3（国际通用场所标志、交通路线指示、道路指示牌）；2.6–5.6–1（外国餐厅点餐）	对话图片视频
	2.7 人类成就	2.7–5.1–1（国际空间站）；2.1–5.8–5（日本作家野荣子《KIKI'S DELIVERY SERVICE》、第一位登上珠峰的女性、中村哲医生、特蕾莎修女、爱迪生、诺贝尔和平奖获得者马拉拉·优素福·扎伊）	图片讨论
国际交流	3.1 文化交流	3.1–5.7–1（法国的日本文化展览会）；3.1–5.8–1（在伦敦展出的日本艺术）	视频短片
	3.2 人口流动	3.2–5.1–1（韩国人在北海道）；3.2–5.2–1（英国人在宫城）3.2–5.3–1（夏尔巴人在奈良）；3.2–5.4–2（巴西足球运动员在日本、加拿大人在静冈）；3.2–5.5–1（危地马拉厨师在广岛）；3.2–5.6–1（斯洛文尼亚人在佐贺）；3.2–5.7–2（混血印度尼西亚人在日本、日本人在中国经营餐厅）；3.2–5.8–1（英国伦敦人在石川）	视频图片
	3.3 国际组织	无	无
	3.4 经济贸易	无	无
	3.5 竞争合作	无	无
	3.6 网络咨询	3.6–5.5–1（跨国线上交流）；3.6–5.7–1（网络博主的日常生活与工作）	对话图片视频

表4　《新视野6》国际理解内容分布情况

主题	话题	内　容	呈现形式
国际话题	1.1 跨民族交流	1.1–6.1–1（外国新同学进行自我介绍）；1.1–6.8–1（倡导使用英语与世界交流）	对话图片
	1.2 卫生健康	1.2–6.3–1（照顾残疾人）	图片
	1.3 生态环境	1.3–6.1–1（乌干达水资源危机）；1.3–6.6–5（海洋污染对动物的伤害、拯救濒危野生动物、全球气候变暖影响、森林面积缩减影响、提倡保护珊瑚）	对话短片视频
	1.4 安全和平	无	无

主题	话题	内　容	呈现形式
各国文化	2.1 风土地理（国家、城市位置，标志性建筑）	2.1-6.1-2（肯尼亚、加拿大）；2.1-6.2-4（芬兰赫尔辛基、新西兰、肯尼亚、极光）；2.1-6.4-9（美国波士顿、波士顿美术博物馆、澳大利亚爱尔斯岩、美国金门大桥、巴西热带雨林、世界遗产威尼斯古城、马来西亚雨林、秘鲁纳斯卡线条、西班牙巴塞罗那古埃尔宫）；2.1-6.5-3（世界各大州、新西兰、加纳）；2.1-6.6-1（巴西）；2.1-6.7-6（新西兰、特卡波湖、极光、南十字星、日本东京古建筑、中国长城）；2.1-6.8-3（西班牙巴塞罗那、城市景观、土耳其）	地图图片视频对话
	2.2 历史文化	2.2-6.5-25（日本到目前为止影响历史的事件与人物，共25个节点）	短片时间轴视频
	2.3 风俗礼仪（传统技艺、节日、食物、运动）	2.3-6.1-7（斯瓦西里语、板球运动、蒙古人与马、古巴棒球运动、加拿大传统食品、加拿大语言、加拿大自然景观）；2.3-6.2-4（美国职业棒球联赛、美国小学生日常安排、纽约天气、瑞典风土人情）；2.3-6.3-8（新西兰毛利族的战舞、瑞士传统美食奶酪火锅、新西兰夏日圣诞游行、俄罗斯乡下农庄、菲律宾冰激凌车、西班牙西红柿节、印度传统文化、希腊等国的传统美食）；2.3-6.4-6（美国汉堡文化、加州计算机历史博物馆、越南女性传统服装、越南米粉、波士顿体育业、西班牙奔牛节）；2.3-6.5-1（加纳可可豆）；2.3-6.7-8（南十字星与新西兰国旗的关系、伦敦小学生特色活动、化妆集会、罗马文化节、日本文化节、日本传统舞蹈日、中国乒乓球、中国熊猫）；2.3-6.8-3（世界各地的板球运动、日本动画文化、土耳其受欧亚文化融合影响）	视频短片图文对话讨论语音
	2.4 情感人生	2.4-6.1-1（融合异国新集体）	对话
	2.5 民族宗教	2.5-6.5-1（日本的佛教来源）	讨论
	2.6 思维行为	2.6-6.2-1（存在时差）；2.6-6.4-2（开展合作学习、以海洋的视角解读全球一体化）；2.6-6.6-2（4R与环境保护、为经济而猎杀野生动物）	语音图片视频
	2.7 人类成就	2.7-6.6-1（诺贝尔和平奖获得者马拉拉·优素福·扎伊在教育和女权领域的成就）；2.7-6.8-1日本福冈的医生Nakamura Tetsu在阿富汗的成就）	图片视频
国际交流	3.1 文化交流	3.1-6.3-1（民间组织的国际友人聚会）；3.1-6.8-1（跨国公司里的国际交流合作）	对话图片视频
	3.2 人口流动	3.2-6.5-1（日本医生在加纳）；3.2-6.6-1（足球运动员转会他国）；3.2-6.7-1（日本教师在伦敦）；3.2-6.8-1（日本人在西班牙工作）	短片对话图片

主题	话题	内 容	呈现形式
	3.3 国际组织	3.3-6.6-2（联合国提出的SDG涵盖17个可持续发展目标、加拿大森林联盟标志）；3.3-6.7-1（诺贝尔奖）	对话 视频 图片
	3.4 经济贸易	3.4-6.5-5（新西兰羊毛衫、挪威三文鱼、日本汽车和笔出口至全世界、丝绸之路、加纳可可豆产业）；3.4-6.8-2（跨国经商人员、跨国公司日常运作）	对话 视频 短片
	3.5 竞争合作	3.5-6.1-1（日本援建乌干达的医院）；3.5-6.6-1（日本在马来西亚建设大象援救中心）	视频
	3.6 网络咨询	3.6-6.2-1（网络连线与时差）；3.6-6.7-1（网络视频交流）；3.6-6.8-2（E-mail沟通、国际视频会议）	对话 图片 视频

3.4 研究发现与讨论

3.4.1 国际理解教育的主题分布范围及比例

通过统计结果可以发现，除国际话题主题下的"安全和平"话题未涉及外，《新视野》教材已涵盖了国际理解教育三大主题的各个话题，但主题分布比例存在明显差异，其中，《新视野5》中有关国际理解教育的内容出现90次，涉及各国文化主题72次，占比最高，达到80%；《新视野6》中有关国际理解教育内容出现130次，涉及各国文化主题99次，占比同样最高，达到76.2%。《新视野5》中涉及国际话题占比最低，仅4.4%；《新视野6》涉及国际话题占比同样最低，仅6.9%。具体数据见表5。

表5 《新视野》三大主题分布范围及比例

教材	国际话题	各国文化	国际交流	分册合计
《新视野 5》	4（4.4%）	72（80%）	14（15.6）	90（100%）
《新视野 6》	9（6.9%）	99（76.2%）	22（16.9）	130（100%）
合计	13（5.9%）	171（77.7%）	36（16.4%）	220（100%）

从主题的分布范围可以看出教材中国际理解教育内容呈现出覆盖范围广泛、涉及内容丰富等特点，从保护地球生态环境、普及卫生健康常识等人类共同话题，到学生喜闻乐见的各国地理、历史与文化特色，再到国际间的社会团体交流、国际互助等话题均有涉及，设计理念上体现

了试图为学生引入世界多国文化，培养学生理解并尊重海外文化与生活的设计理念。

从主题分布的频次分析结果来看，《新视野》教材侧重于拓宽学生对本土传统文化和世界各国文化的全球视野。《新视野5》的全书主题是"连接日本的我们""将日本介绍给世界""你想知道的世界是什么？"，在教材的Over the Horizon板块，对应设置了"探索日本"专题，通过日本铁壶、梵高画作《唐吉老多》、莫奈画作《穿和服的女子》、相扑等内容介绍日本传统物质和文化特色。《新视野6》的全书主题为"与世界连接的我们""用英语来描述世界"，同样在教材的Over the Horizon板块，对应设置了"探索文化"和"探索世界"两个专题，在"探索文化"专题，主要介绍巴西热带雨林、世界遗产威尼斯古城、马来西亚雨林等各国代表性建筑或生态环境，在"探索世界"专题，主要介绍新西兰毛利族的战舞、瑞士传统美食奶酪火锅等包括日本在内的各国风俗人情、美食和技艺等。

3.4.2 国际理解教育话题出现频次及呈现形式

从两册《新视野》教材中话题出现频次的统计结果来看，频次最高的是涉及"风俗礼仪"话题的内容，出现81次，占比36.8%；其次是"风土地理"，出现41次，占比18.6%；第三是"历史文化"，出现27次，占比12.3%。这三个话题占比达67.7%，是该教材国际理解教育内容最重要的组成部分。话题出现频次较少但内容相对充实的有"卫生健康"和"生态环境"，分别占比为1.4%和2.7%。此外，"安全和平"话题未在教材中发现对应的国际理解教育内容选材。具体数据见表6。

表6 《新视野》教材国际理解教育话题频次分布

话题	种族人权	卫生健康	生态环境	安全和平	风土地理	历史文化
频次（比例）	4（1.8%）	3（1.4%）	6（2.7%）	0	41（18.6%）	27（12.3%）
话题	风俗礼仪	情感人生	民族宗教	思维行为	人类成就	文化交流
频次（比例）	81（36.8%）	2（0.9%）	1（0.5%）	11（5%）	8（3.6%）	4（1.8%）
话题	人口流动	国际组织	经济贸易	竞争合作	网络咨询	合计
频次（比例）	14（6.4%）	3（1.4%）	7（3.2%）	2（0.9%）	6（2.7%）	220（100%）

从具体内容分析，在风俗礼仪方面，该教材主要是从两个角度切入：一是日本本土文化传承，二是世界各国的传统技艺、传统节日、传

统食物、流行运动等。例如，教材通过主要登场人物的生活情境，以视频和图文形式介绍了巴西足球、英式橄榄球、世界板球和古巴棒球等特色项目；通过对话和短片形式介绍了澳大利亚鳄鱼肉排、日本大阪烧、危地马拉辣椒、骆驼奶、米饭布丁、斯洛文尼亚药草茶、瑞士奶酪火锅等传统食物；通过视频和图文方式介绍了新西兰毛利族的战舞、西班牙西红柿节、美国汉堡和日本动漫等各国鲜明的文化印记。总体来看，教材基本涵盖了世界主要国家的风俗礼仪，内容充实有趣，易激发学生的学习兴趣。

值得一提的是，该教材的电子材料中配有日本地图和世界地图，供学生随时查阅教材中提及的国家或城市的位置。在"风土地理"话题中涉及的其他国家较多，共有19个，包括澳大利亚、阿联酋、韩国、尼泊尔、美国、危地马拉、斯洛文尼亚、肯尼亚、加拿大、芬兰、新西兰、巴西、意大利、马来西亚、秘鲁、西班牙、加纳、中国、土耳其，覆盖了除南极洲以外的世界六大洲。

"历史文化"话题出现的频次虽位列第三，但基本以专题采访的形式呈现，实际篇幅在教材中的占比较高，角度独特。例如，在《新视野5》中，以"忍者"动漫人物的视角，通过主题短片配合教材图文形式，较为详细地介绍了日本的木屐传统工艺、制陶技艺和传统彩漆文化等（如图1所示）。特别值得注意的是，该部分教材选择了"外国人在日本工作"的形式来呈现，如在日本北海道工作的韩国导游在博物馆介绍阿伊努人文化（日本北海道及周边地区的原住民族群），巴西足球运动员在日本参与职业联赛，危地马拉厨师在广岛经营餐馆等。

图1　《新视野5》"探索日本"专题配套纸质材料截图

在"卫生健康"方面，涉及的内容包括：一是传染病的预防，主要是从洗手步骤、佩戴口罩、保持距离等几个方面，通过短片和图文形式呈现；二是对常见疾病的处理，如发热、头痛等，通过对话呈现；三是通过图片方式呈现坐轮椅的同学参与交流的情境。"生态环境"主题主要在《新视野6》中有所涉及，一是通过图片形式介绍乌干达的水资源危机，以及那里的人们如何获取水源和获得国际援助；二是通过短片、对话和讨论等形式呈现海洋污染对动物的伤害、为何与如何拯救濒危野生动物、全球气候变暖对于物种延续的影响、森林面积缩减对全球生态的影响、珊瑚对海洋生态的重要性等热点话题，引导学生参与讨论。

4. 启示与建议

本文分析日本《新视野小学英语》教材中的国际理解教育内容，旨在为我国小学英语教材中国际理解教育内容的编写及教学提供参考，促进小学英语国际理解教育的有效实施。日本外语活动强调培养学生用国际视野观察问题的能力，在和外国人打交道的过程中感受差异，了解外国文化，加强对本国文化的理解，学会处理文化分歧，实现相互理解和相互尊重（周琳 2012）。基于此，本文提出以下几点启示和建议：

（1）充分利用跨文化交流背景。《新视野》内容选材丰富且符合学生年龄特征，通过书中来自不同国家的登场人物之间的文化交流和冲突，引导学生理解和尊重多元文化。通过对世界各国立体的呈现，引导学生从多个侧面感受异国文化，逐步形成跨文化沟通与交流的意识和能力。

（2）提供丰富直观的多媒体资源。经统计，《新视野5》和《新视野6》两册共配套2081个影像资料，其中探索文化、探索日本和探索世界三个板块就有80个影像资料作为教学资源，且影像资料的形式较为丰富，包括各个国家的实景视频、人物采访等，立体地展现了各国地理风貌和历史文化。

（3）避免"西方中心"。内容充分体现国家的多元化，如《新视野》教材中的主要人物Lucas来自巴西，在探索世界板块有对中国、印度、马来西亚、肯尼亚等多个亚非国家的专题介绍，涵盖很多我国主流英语教材鲜少涉及的国家和文化。

（4）从不同视角反观本国文化的传承。如《新视野5》中的探索日本板块以外国人在日本工作为主线索展开，包括留在日本宫城坚守传统陶艺的英国匠人等8个主题，从国际理解的角度引导学生认识传统文化，发现文化价值。又如《新视野6》中介绍了日本援建乌干达的医院、在马来西亚雨林建设的大象救援中心的国际合作项目，以及在阿富汗做出重大贡献的日本医生等故事，让学生了解国家在世界中的地位和作用。

（5）注重整体设计。《新视野5》以向世界介绍日本为主题，《新视野6》则是以与世界相连的日本为主题。两册书以人物为暗线，透过外国人的视角了解日本和各国文化，以日本地图和世界地图为明线，引领学生探索世界。

基于以上分析，本文以《义务教育英语课程标准（2022年版）》提出"树立国际视野，涵养家国情怀，坚定文化自信"（教育部2022）为指引，对我国小学英语教材中国际理解教育的设计理念提出以下建议：

（1）着眼全球范围，拓宽国际视野。一是进一步增加教材中世界各大州、各国和代表城市的数量。教材是学生了解世界的主要途径之一，而目前国内小学英语教材内容集中在英国、澳大利亚等英语国家，并且在教材中的篇幅有限，了解仅限于大众的刻板印象。建议选材着眼于全球范围，向学生呈现各国的多元文化，让学生在体验不同国家的风俗礼仪和风土地理中树立国际视野。二是提高教材主要人物国籍的多样性，创设跨文化交流情境。来自不同国家的学生交流时，可以自然还原真实的跨文化交流情境，通过外国学生的视角展现他国文化与本地文化的异同。同时，需要避免"西方中心"，可以将除英、美、澳以外，其他不同民族、不同文化的学生都纳入选择的范围。

（2）提供多模态学习资源。一方面国际理解教育需要真实的情境，而身处课堂的学生无法亲身体会各国文化，存在客观限制。另一方面小学阶段学生的学习特点，需要文字、图像、音频、视频、活动等多种途径的输入，才能减少因单一模式导致的认知障碍。建议国内教材编写借鉴日本经验，将世界各国非物质文化遗产、风土人情等内容，制作成短视频、照片或沉浸式VR等，以教学辅助资源的形式，提供给教师与学生在课堂或课后使用。如开发国内的南昌滕王阁、西安鼓楼等历史古迹或新西兰毛利族战舞、西班牙西红柿节等他国传统节日。同时，要注重学生获取资源的便利性，如在教材中提供二维码、电子设备多终端应用。另外，也要考虑学生的学业差异，提供必要的中文辅助翻译。

（3）多角度解析中国传统文化，树立文化自信。以不同人物的视角看待中国传统文化，在与异国文化的对比与冲突分析中，提升学生的民族自豪感和自信心。建议国内教材以"用英语讲好中国故事，向世界传播中国声音"为国际理解教育的设计理念之一，以从业者或外国人的视角发掘中华文化的精髓。如在教材中设置"非遗工匠访谈"版块，结合双语字幕视频，供学生深入了解，或选择在中国定居或旅游的国际友好人士，通过他们从事的工作或感受，从不同文化背景的角度发现中国传统文化之美。

（4）系统编排教材中国际理解教育内容。目前国内小学英语教材基本以功能和话题为编排原则，国际理解教育内容的呈现相对碎片化。如果对各国历史文化、风土地理没有完整呈现，学生只能停留在知识记忆的层面，难以真正激发兴趣，形成真正的理解。建议在教材编排上，借鉴日本经验，基于我国大部分地区开设英语学科起始年段的客观实际，分年级或分册设置国际理解教育专题，如在低年段聚焦中国文化的传承，高年段关注全球热点议题，形成具有逻辑性、层次性和关联性的国际理解教育框架。

参考文献

[1] Collins H T, Czarra F R & Smith A F. Guidelines for global and international studies education: Challenges, Cultures, and Connections[J]. *Social Education*. 1998, 62(5): 311–317.

[2] 李晓红. 日本小学外语教学活动现状、发展及启示[J]. 教学月刊小学版（综合）. 2014,（10）：54-56.

[3] 孙辉. 中日小学课程、教材、教法比较研究[D]. 宁夏大学. 2020.

[4] 王威. 日本国际理解教育政策变迁研究[D]. 北京师范大学. 2008.

[5] 张蓉，谢聪. 从追随到自立：日本中小学国际理解教育的发展[J]. 外国中小学教育，2017,（12）：18-24.

[6] 中华人民共和国教育部. 中国学生发展核心素养[Z]. 2016.

[7] 中华人民共和国教育部. 义务教育英语课程标准（2022年版）[M]. 北京：北京师范大学出版社，2022.

[8] 周琳. 日本小学英语教育概况及借鉴思考[J]. 课程·教材·教法，2012, 32(7)：123-127.

学术英语教材二次开发实证研究——系统功能语言学视域下的"分层续写"

苏 静　王 峰

（山东大学 翻译学院，山东威海 264200)

提　要： 本研究基于系统功能语言学，提出"分层续写"教学设计，并针对学术英语教材二次开发展开实证研究。经过18周教学实验发现：实验班阅读与写作成绩不仅均显著高于对照班，其后测较前测也呈现显著性提升；学习者反馈显示，语类结构与语域特征的协同建构更具挑战性，尤其体现在论辩策略与书面语特征实现。教学反思表明，分层续写可从三个维度促进教材二次开发：语类层面引导学生借鉴阅读材料的语类结构及论辩策略；语域层面强化"言之有物、言之有理、言之有序"的学术写作规范；词汇语法层面系统回收主题词、语气、主位等微观语言资源，以支撑语篇功能的实现。

关键词： 学术英语；教材二次开发；分层续写；系统功能语言学；外语教材研究

Abstract: This paper, grounded in systemic functional linguistics, proposes an instructional design, i.e. "Stratified Continuation Writing". An empirical study was conducted to investigate the redevelopment of academic English textbooks. After an 18-week teaching experiment, it was found that the experimental group achieved significantly higher scores in reading and writing compared to the control group.

基金项目： 上海外国语大学外语教材研究院2021年外语教材研究项目"《新时代大学学术英语》教材二次开发设计研究"（编号2021JL0005）。

作者简介： 苏静，山东大学翻译学院2023级硕士研究生，研究方向：功能语言学、翻译学；王峰，博士，山东大学翻译学院教授，博士生导师，研究方向：功能语言学、话语分析、语料库翻译学。

Within the experimental group, post-test scores showed significant improvement over the pre-test scores. Learner feedback indicated that the alignment between generic structure and register features was more challenging, especially in the realization of argumentative strategies and written language characteristics. Teaching reflection reveals that stratified continuation writing can facilitate the redevelopment of textbooks from three dimensions: at the genre level, it guides students to extract genre-specific structures and argumentative strategies from reading materials; at the register level, it reinforces the academic writing norms of "substance, logic, and coherence"; and at the lexicogrammatical level, it systematically recycles micro-linguistic resources such as thematic keywords, Mood, and Theme, to support the realization of macro-discourse functions.

Key words: EAP; textbook redevelopment ; the stratified continuation task; Systemic Functional Linguistics; foreign language textbook studies

1. 引　言

　　教材的"二次开发"指"教师和学生在实施课程过程中，依据课程标准对既定的教材内容适度增删、调整和加工，合理选用和开发其他教学材料"，以更好地适应特定教学情景和学生需求（俞红珍 2005：9）。这一过程要求教师"实现角色的多重转变"："从消极的课程实施者转变为积极的课程开发者"，"从知识传授者转变为学习促进者"（俞红珍 2010：82-83）。目前，关于教材二次开发的研究大多集中在开发原则、开发途径以及教材内容来源等方面，且主要涵盖中小学教材、大学综合英语或翻译课程教材等领域，较少关注学术英语教材。教学重点、模式和对象的差异均可能对学术教材使用产生影响（蔡基刚 2012），而"教材开发者并不完全了解教师教学中存在的问题"（王雪梅 2012：59）。因此，"静态"的学术英语教材亟待一线教师进行二次开发，以适应"动态变化"的教学环节（任远，刘正光 2021：322）。

　　在外语教材二次开发过程中，虽现有研究表明外语教师已经有意识地突破教材的固定程序化设计，但仍存在两方面的不足：其一，教材内容重组较为任意，缺乏对教材内在逻辑与系统性的研究。正如 Cunningsworth（1995：28）强调，"整套教材各组成部分与整体的关系、组成部分之间的参照关系以及各部分的可选和必需性"等问题尚未得到充分探讨。其二，现有的外语教材二次开发研究往往忽略了教材内容所体现的语类结构、语域和词汇语法等语言特征。而学术英语要求掌握"语类、推理/论辩策略和学科专业知识三个方面的认知能力"（Snow & Uccelli 2009：118）。上述不足给学术英语教学的现实需求带来了挑战。有鉴于此，本研究尝试将系统功能语言学视域下的"读后续写"应用于学术英语教材二次开发，旨在拓展二次开发的应用领域、探索新的开发途径、指导教材之间的有效关联。

2. 核心概念

2.1 教材二次开发

教材二次开发不同于专家学者加工和开发教材，指一线教师基于课程标准和实际教学情景，"创造性地研究教学内容和方法，批判性地使用教材"（俞红珍 2005：10）。目前，应用语言学界主要采用以下几种开发方式：（1）内容增补，根据教学对象特点，在科学性基础上选择性增添内容（周雨薇 2024）；（2）内容整合，根据教学语境的适用性，选择性讲解或重组教材内容（程维 2023）；（3）内容换序，根据教学实际和学生接受程度，调整词汇、语法点或者文章的顺序（王中华，常春青 2023；周雨薇 2024）；（4）主题提炼，基于单元主题展开深度教学（刘正光等 2023）；（5）内容改编，调整文本材料、例句等，使其更贴近学生生活和实际（唐晓格 2021）。

然而，现有开发方式在以下三方面仍需优化。在方法论层面，内容整合可能会以偏概全，偏离教材编写意图（程维 2023）；主题提炼聚焦主题大意、词汇语义识别等，对语言要素的系统性提炼尚显不足，影响回收利用。在教学效果层面，现有方式在平衡语言形式训练与意义建构方面仍需完善，特别是词汇语法等微观要素如何实现功能或意义的研究较为薄弱，制约了促学效果的有效评估。在研究范式层面，当前研究主要基于质性分析和经验总结，可复现的实证研究成果相对有限，一定程度上影响了研究结论的推广应用价值。

基于此，本研究认为教材二次开发应立足教学大纲、课程目标和教学对象，构建系统化开发框架，实现语言知识回收，强化"语言输入向语言输出的有效转化"（姜霞，王雪梅 2023：8）。在学术英语领域，教师需要关注教材编排特点、语言特征（词汇语法）、语境设置以及语域特征，确保开发成果能有效迁移至同类写作任务中。为了实现该开发理念，本研究拟引入系统功能语言学，并通过实证研究检验其可行性。系统功能语言学特别有助于解决学术英语教学中"形式训练"与"意义建构"脱节的现实问题，尤其是可以通过主位推进模式解构学术语篇的深层逻辑，指导教师在二次开发中实现语言形式与学术功能的有机结合。

2.2 读后续写

"读后续写"由王初明（2012）首次提出，后发展为语言习得观"续论"（王初明 2016）。读后续写实现内容创造与语言模仿有机结合，促使语言理解与产出"互动协同"，产生"拉平效应"（王初明 2012：2-3）。众多研究表明，读后续写在词汇、词块、句法结构（严晓朦，李高清 2016；姜琳，涂孟玮 2016；王启 2019）、句法复杂度（辛声，李丽霞 2020）、语言与内容连贯性（彭红英 2017）、修辞风格（杨华 2018）等多个方面均具有显著的协同效应及促学效果。

然而，当前读后续写研究仍存在以下问题值得探讨。首先，读物体裁集中于难度偏低且趣味性强的记叙文，尤其是短篇故事（如周楚仪，杜寅寅 2024；Wang *et al.* 2022；Ye & Ren 2019；王敏，王初明 2014），对于其他体裁类型的研究相对匮乏（除张洁等 2023；张秀芹，张倩 2017外）。其次，续写形式通常为补全外语故事结尾。而论辩、说明等体裁由于缺乏人物、时间、地点等"情境模型"要素，容易加重"概括、分析和推断"等认知负担（张洁等 2023：265–266），在学术英语写作中应用较少。第三，现有研究往往聚焦学习者续写时的即时反应，缺乏对其语言发展的长期跟踪以及通过新任务测量其语言水平，而后者才是"评估读后续写促学效果的可靠途径"（姜琳，陈锦 2015：367）。最后，协同效应和促学效果的衡量指标集中在词汇语法等微观层面，较少涉及语篇语义等宏观层面的考察，可能导致研究结论出现分歧（如张洁等 2023；张秀芹，张倩 2017）。

为了弥补上述不足，尤其是衡量指标的局限性，系统功能语言学的"层次观"（stratification）为读后续写研究提供了一个全面且新颖的分析框架。该理论框架将语言从抽象到具体、从宏观到微观分为语境、语义、词汇语法、音系字系等层次，其中低层次实现高层次的意义。例如，词汇语法实现概念、人际和语篇意义，语义相应地实现语境，包括情景语境层面的语域和文化语境层面的体裁特征（Halliday & Matthiessen 2004；Martin & Rose 2008）。因此，系统功能语言学视域下的读后续写能够更全面地衡量学生写作中的语言运用和语境适应能力。

2.3 学术英语分层续写

作为专门用途英语（English for Specific Purposes，简称ESP）的重要分支，学术英语（English for Academic Purposes，简称EAP）包含"通用学术英语"（English for General Academic Purposes，简称EGAP）和"专业学术英语"（English for Specific Academic Purposes，简称ESAP）（Jordan 1997：3）。前者主要涉及"跨学科的听说读写语言能力"，后者则关注"特定学科语境中（如经济学）"的语篇结构、修辞手段、词汇语法、学科话语传统和规约（Jordan 1997：5；蔡基刚 2018：40）。EGAP和ESAP并非割裂的二元对立，而是构成从基础语言能力到学科专属话语能力的连续体。前者为学术思维培养奠基，后者则促进学科话语精准表达，共同推动学习者从语言学习者到学科实践者的身份转型。然而，传统EGAP教材往往侧重于技能的碎片化训练，以及学术词汇的机械积累，对学术语篇的深层特征（如语类结构和语域迁移）缺乏系统性指导，导致学生难以产出各个层面均符合学术规范的文本。

学术写作是基于文献阅读的创造性产出，尤其体现在文献综述这一必选语步中——通过梳理前人研究，识别研究空白并提出创新观点。因此，学术写作本质上就是读后续写，与王初明（2016）"续"的"三个促学基本功能"形成呼应：（1）"补全"前人研究空白；（2）"拓展"深化现有知识体系；（3）"创造"自我见解。不同于外语教学中常见的故事类续写，本研究将学术写作视为"多轮续写"和"对比续写"（王初明 2018）之外的第三种变体——"分层续写"。这一概念强调写作任务需匹配学术语篇的层级性特征，用特定语类结构表达对主题的看法：宏观层面掌握语步结构和论辩策略、中观层面把握语域变体、微观层面合理运用词汇语法表征。正如张德禄（2020：304）所述，"在词汇、语法的基础上言之有物，使内容具有意义"；在话题展开的过程中言之有理，形成批判性见解；在"遵循语篇结构常规"的前提下"言之有序，讲究谋篇布局"。分层续写的"补全""拓展"和"创造"不再限于故事结尾，而是在阅读特定话题语篇的基础上，完成话题相关或该话题延伸性的写作，创造性地运用阅读素材的框架结构和词汇语法要素。

分层续写具有双重教育价值。一方面，通过"教材内容转化"（俞红珍 2005：10），促进学生将语篇知识内化为学术话语能力。另一方面，"分层"特性有助于构建EGAP到ESAP的元认知发展路径。通过掌握EGAP的语类结构和语域迁移规律，学生能够为ESAP阶段习得特定学科（如经济学）的语类特征奠定基础，实现通用学术能力到学科专业素养的自然过渡。因此，本文立足系统功能语言学，考察分层续写的促学效果，为学术英语教材二次开发提供实证支持。

3. 系统功能语言学视域下学术英语分层续写教学设计

本研究选用了《新时代大学学术英语综合教程》（上册）（简称《综合》）和《新时代大学学术英语阅读教程》（上册）（简称《阅读》）作为教学实验材料。该系列教材有以下特点：第一，贯彻"以学生为主体"的教学理念，全面培养学术英语能力，包括：（1）识别文章结构、事实和观点等的学术阅读能力；（2）搭建论文结构、运用学术语体等的学术写作能力；（3）掌握词汇知识学习与拓展的能力。第二，涵盖自然科学和人文社科话题，具有跨学科可理解性。借鉴系统功能语言学层次观，本研究将教材内容与"语类—语域—词汇语法"语言层次对接，构建出了学术英语分层续写教学设计。

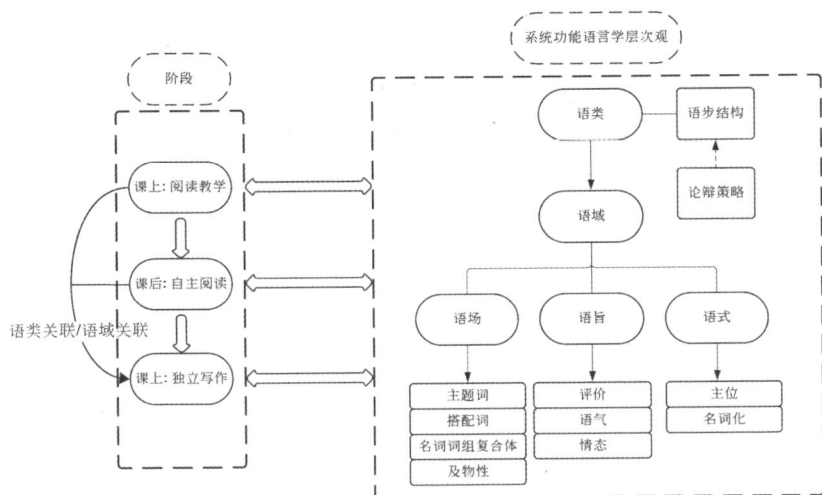

图1 系统功能语言学视域下学术英语分层续写教学设计

注：图中实线箭头：体现于/作用于逻辑关系，指向方体现发出方；虚线箭头：调用关系。

如图1所示，学术英语分层续写教学遵循"阅读教学—自主阅读—独立写作"三阶段循环模式，实现语言层次与教学活动的深度映射。为确保教学任务的有效衔接，教师需动态调整每个模块的教学指令，保证三个阶段均与系统功能语言学层次观相契合。

课上精读《综合》阅读模块，实行"语类意识"与"语域意识"双轨并行的培养策略。一方面，教师引导学生解析学术语篇的语类结构，包括可选和必选成分、必要次序和可选次序、重现成分（Halliday & Hasan 1989；Martin & Rose 2008）。例如，议论语篇常见的必选语步包括背景引入、观点对比、因果论证与结论等。各个语步会调动相应的论辩策略，包括"举例、比较、分类、定义、因果、描写、阐释、对照"等（Lackstrom *et al.* 1973：128-130）。另一方面，带领学生深度解读语域特征。在语域层面，语场、语旨、语式三个变项共同制约着情景语境中的语言使用变体（Halliday & Hasan 1989）。语场涵盖语篇内容或主题，语旨反映交际双方的社会权力关系和社会距离，语式指代沟通的渠道或媒介（口语与书面语等）（Martin & Rose 2008）。语域所激发的语义配置体现于词汇语法。因此，教师还要引导学生积累相关语言表征，以便在学术写作中复用。在词汇语法层面，语场体现于主题词、搭配词、名词词组复合体、及物性等要素。语旨表达写作立场和态度，体现为评价、语气和情态。语式体现于主位、名词化等语言特征。

课后，学生自主研读《阅读》语篇，独立解析语类结构和论辩策略，归纳语域特征以及词汇语法表达。这一自主学习过程既深化了课堂阅读所学，又为后续写作产出提供了知识储备。下一节课上，教师要求学生完成《综合》写作模块，真正实现双重关联：将阅读材料的论辩策略和语类结构应用于写作任务，实现语类结构的协同；延伸阅读话题、形成批判性见解、构建衔接连贯的语篇，实现语域层面（包括词汇语法）的协同。

4. 教学设计的实证研究

本研究通过为期18周的教学实验，系统检验分层续写对学术英语能力培养的促学效果，为学术英语教材二次开发提供实证依据。

4.1 实验设计

4.1.1 研究对象

本研究选取山东某高校2024级非英语专业一年级本科生为样本，将两个自然平行班分配为实验班（N=42）和对照班（N=38）。两个班的生源在最近一次学术阅读和写作测试中得分无显著差异，确保英语水平相当。实验班采用分层续写的教学设计，对照班采用传统讲授模式。授课内容和进度一致，使用的教材均为《综合》和《阅读》，由同一位教师授课，确保仅教学模式不同。

4.1.2 研究问题

基于前期理论建构与实践需求，本研究聚焦以下两个核心问题：

（1）基于分层续写教学设计的学术英语教材二次开发的促学效果

如何？

（2）学术英语分层续写教学实践中，学习者面临哪些具体困难和挑战？

4.1.3 实验安排与数据收集

本研究实验周期为18周，严格遵循前测、干预（分层续写教学设计v.s.传统教师讲授教学设计）、后测的实验设计（见表1）。

表1 实验班与对照班的18周教学安排

教学阶段	第1周	第2-17周（干预阶段）	第18周
对照班	前测（阅读＋写作测试）	常规教学	后测（阅读＋写作测试）
实验班	前测（阅读＋写作测试）	分层续写教学	后测（阅读＋写作测试）

第1周，两班学生完成前测。阅读测试包括两篇学术阅读理解（每篇10题，每题5分，共100分）。阅读考题的设置符合《综合》中的阅读教学大纲，并且与《阅读》中材料的题材、体裁、篇幅、词汇语法复杂程度大致相当，评估学生对语步结构、主旨、观点态度以及词汇语法细节的理解能力。写作测试包括一篇指定主题的学术写作（300词左右，一节课90分钟内完成，可以查阅词典，共100分）。写作成绩由评分员依据《综合》中的写作教学大纲和分层教学理念，在语篇论点有说服力（20%）、论证过程充实（30%）、论辩策略符合批判逻辑（30%）、词汇语法丰富（20%）等维度上综合评分，主要考查学生构建语步结构、运用论辩策略、突出话题内容、阐释批判性观点、实现衔接连贯、在特定语境下应用词汇语法的能力。写作评分将实验组、对照组的写作试卷随机混合匿名装订，再由1名经验丰富的评分员阅卷，确保分数不受到先入为主的印象干扰。

干预过程为第2周至第17周，实验班采用分层续写的教学方式，对照班则延续传统教学模式。传统教学模式严格按照教材大纲，每个单元教授不同阅读技能（如略读和扫读）、解析篇章基础结构、积累离散的学术词汇。进而要求学生基于所学完成写作任务，但不显化写作与阅读之间的语类和语域关联。阅读教学与写作训练交替进行，即一周阅读教学，一周写作训练。因此，两班学生各自完成8次阅读和写作任务。第18周，两班学生进行后测，与前测形式、难度和分值保持一致。

实验结束后，研究者采用分层抽样法，根据教师平时的教学观察和最终试卷成绩从高、中、低三个水平段各随机选取1名受试者（共3名），代表所属学习水平的典型学习者，分别化名为G、Z和D，接受半结构化访谈。访谈前获取知情同意并全程录音，每位受访者访谈时长控制在6-10分钟。访谈提纲聚焦三个核心维度：教师阅读教学的启发性、自主阅读的认知障碍以及写作中对阅读资源的迁移及困境，旨在探查学习者在语类—语域—词汇语法多维协同中的难点。

4.1.4 数据分析

实验完整收集了实验班42份和对照班38份前测阅读和写作成绩、后测阅读和写作成绩。经检验所有数据均符合分析要求，未出现需要剔除的异常值。同时，将3份访谈录音转写成文字，采用内容分析法进行主题编码与分类，作为学习者反馈的原始数据。

研究采用混合方法分析数据。量化方面，通过独立样本t检验（实验班v.s.对照班）和配对样本t检验（前后测对比）验证分层续写是否显著提升学生的学术阅读与写作成绩（回答研究问题1）。质性方面，基于编码后的访谈数据，揭示学生续写在语类结构、语域特征、词汇语法三个层面的学习重点和实践困难（回答研究问题2）。这种三角验证的设计既保证了教学效果评估的客观性，又能深度挖掘学习者的认知过程。

4.2 实验结果

4.2.1 分层续写教学设计的促学效果

（1）经过18周的教学，实验班的阅读和写作成绩均显著高于对照班。

通过独立样本t检验发现（见表2），实验组和对照组在阅读前测（$p>0.05$）、写作前测（$p>0.05$）成绩上均无显著差异，表明两个班具有参照比较性。而在18周的分层续写教学设计实践后，实验班后测阅读和写作成绩均显著高于对照班（$p<0.05$）。这充分证明，基于分层续写的教材二次开发教学设计在学术阅读和写作方面的促学效果超过了传统教学。

表2 阅读前后测、写作前后测的独立样本t检验

项目	组别	M	SD	MD	t	df	p
阅读前测	实验班	77.86	3.00	-0.35	-0.57	78	0.57
	对照班	78.21	2.44				
阅读后测	实验班	83.07	4.71	4.70	5.55	78	0.00**
	对照班	78.37	3.28				
写作前测	实验班	71.02	3.20	-2.00	-2.77	78	0.07
	对照班	73.03	3.37				
写作后测	实验班	80.26	5.87	5.39	5.26	78	0.00**
	对照班	74.87	5.42				

注：*$p<0.05$，**$p<0.01$，下同。

（2）配对样本t检验结果显示（见表3），经过18周的教学，实验班的阅读后测、写作后测成绩与前测相比发生显著提升（$p<0.05$）。而对照班在经过18周教学后，写作成绩有微弱提高，具有统计学显著意义（$p<0.05$），但阅读成绩没有发生显著变化（$p>0.05$）。这说明，相比于常规教学，实验班经过分层续写教学实践后，整体促学效果显著，再次凸显了该教学设计的优越性。

表3 实验班、对照班自我对比的配对样本t检验

组别	项目	M	SD	MD	t	df	p
实验班	阅读前测	77.86	3.00	-5.21	-7.84	41	0.00**
	阅读后测	83.07	4.71				
实验班	写作前测	71.02	3.20	-9.24	-9.67	41	0.00**
	写作后测	80.26	5.87				
对照班	阅读前测	78.21	2.44	-0.16	-2.66	37	0.79
	阅读后测	78.37	3.28				
对照班	写作前测	73.03	3.37	-1.84	-2.41	37	0.02*
	写作后测	74.87	5.42				

4.2.2 学习者面临的困难和挑战

学生访谈数据显示，分层续写过程中语类层面与语域层面的协同更具挑战性。三名受访者G、Z、D普遍反映两大困难：论辩策略掌握不牢，"语式书面语特征"的准确性把控不足。这印证了学术英语写作教学中，理论向实践转化的长期性特征（陈浩，文秋芳2020），即理论知识向实际写作能力的转化需要持续的积累与内化过程。尽管存在上述共性挑战，不同水平学习者呈现出明显的认知差异。

高分组学生展现出更为全面的写作意识，不仅注重语类结构的组织（调用论辩策略），还特别关注立场表达的适切性（语旨特征）以及书面语特征的准确性（语式特征）。正如G在访谈中所言："通过老师的阅读分析指导，我现在能够较为准确地把握学术语篇的宏观结构。虽然在实际写作中还不熟练，但我会有意识地运用阅读积累的主题词汇，并选择恰当的语法结构来呈现学术立场。"这种多维度的写作认知反映了高水平学习者对学术写作本质的深刻理解，也印证了语类、语旨、语式三个层面的协同发展对提升学术写作能力的重要性。

相比之下，中分组学生呈现出明显的过渡期特征，主要关注主题句与扩展句之间的逻辑关系（语类结构）。正如Z在访谈中所述："阅读教学帮助我建立了学术语篇的结构意识。在写作实践中，我会首先确保段落间以及句子间的逻辑连贯性，而词汇语法层面则主要依赖日常积累。"这一现象可能表明，中等水平学习者正处于从基础写作向学术写作转型的关键阶段，倾向于通过把握文本组织结构提升写作质量。然而，这种相对单一的关注点也反映出中分组学生在语域层面的认知仍有待深化，特别是主题词迁移、语旨适切性和语式规范性的把握有待加强。

值得注意的是，低分组学习者在宏观和中观层面的协同效应实现上存在明显困难。访谈数据显示：该群体对宏观语篇结构（如论辩策略）和中观语域特征（如学术立场表达）的掌握明显不足，学习动机也相对薄弱。正如D在访谈中所说："在写作过程中，老师讲解的学术词汇表达更容易被我吸收和应用。然而，当涉及文章整体框架的构建或学术立场表达时，我常常感到力不从心。"这一认知模式揭示了低水平学习者的特点：他们更擅长处理具体、可操作的微观层面语言要素，即在写作中有效复用阅读材料中的词汇语法结构，而对抽象的语篇组织原则和语境适应策略缺乏足够的能力和兴趣。

5. 基于分层续写的学术英语教材二次开发教学实践反思

本研究通过理论建构与实证检验，揭示了分层续写在学术英语教材二次开发中的独特价值。以下从理论贡献、实践创新、教学启示及研究展望四个维度展开反思，以期为未来学术英语教材二次开发提供思路。

5.1 理论贡献：系统功能语言学读写理念的拓展与实证验证

分层续写综合考察词汇语法等微观层面及语篇语用等宏观层面的指标，能更精准地评估学生写作中的语言运用和语境适应能力，同时降低实验结论的异质性。这一设计延续了张德禄等（2005）提出的"读写循环教学法"核心理念。该教学法强调读写过程与"文化、语类和情景语境"的密切联系（Melrose 1991；张德禄等 2005：309）。尽管阅读对象与最终写作产物在语言表现上存在差异，但读写活动始终围绕"同一个主题或语类"展开，形成动态循环（张德禄等 2005：310）。然而，该教学模式在实践中的应用相对有限，相关量化分析研究也较为匮乏。本研究通过实证分析，为该教学思想提供了数据支持，证实了其核心理念的教学有效性。

5.2 实践创新：读后续写在学术英语中的范式延续与突破

分层续写延续了读后续写在有机结合语言输入与产出方面的优势。语言分层模仿机制显著提升了学生对学术文本要素的注意程度和加工深度，包括目标词汇语法、语域特征、语步结构和论辩策略等。

此外，本研究证实了"读后续写"在学术体裁中的应用价值，突破了以往将该方法局限于"难度偏低且趣味性强的记叙文"的传统认知。分层续写这一创新形式，不再囿于补全外语故事结尾，有效解决了论辩、说明等学术体裁容易加重"概括、分析和推断"等认知负担的问题（张洁等 2023）。这一探索为学术英语教学应用读后续写提供了可借鉴的操作范式。

5.3 教学启示：分层续写驱动的教材二次开发策略体系

本研究验证了Cunningsworth（1995）所强调的教材关联性原则，为教师分析教材内容组织与内在逻辑提供了实践参考。例如，《综合》与《阅读》的阅读材料存在语域关联，有助于学生在续写任务中复用回收的词汇语法资源。同时，《综合》Reading 1与续作语类结构的一致性，则体现了分层续写的语类关联特征。这些发现体现了分层续写的推广价值，特别是在任务设计、资源整合和评价标准等方面。

本研究为学术英语二次开发提出以下策略：在语类层面，引导学生从阅读材料中汲取语类结构和论辩策略，培养学术话语意识；在语域层面，要求学生充实语场话题、培养批判性思维、提升学术写作正式性；在词汇语法层面，积累特定话题的搭配词、情态、评价、语气、主位等微观语言特征。这种语言训练有助于实现宏观层面的语域和语类意识培养，完成新的写作任务。

5.4 研究展望：分层续写在学术英语教学中的优化路径

实证研究表明，非英语专业学生的语类意识和语域能力仍显不足。未来研究可以从以下两个维度优化：在教学内容层面，适应ESAP导向开发学科特异性的教学内容，促进学科话语构建；在教学方法层面，设计语类和语域专项训练模块，重点提升逻辑论证与学术立场表达。通过这些维度的协同推进，分层续写有望在学术英语教学领域发挥更大的实践价值。

参考文献

[1] Cunningsworth A. *Choosing Your Coursebook* [M]. Oxford: Macmillan Education, 1995.

[2] Halliday M A K & Hasan R. *Language, Context, and Text: Aspects of Language in a Social-Semiotic Perspective* [M]. Oxford: Oxford University Press, 1989.

[3] Halliday M A K & Matthiessen C M I M. *An Introduction to Functional Grammar* (3rd Ed.) [M]. London: Hodder Arnold, 2004.

[4] Jordan R R. *English for Academic Purposes: A Guide and Resource Book for Teachers* [M]. Cambridge: Cambridge University Press, 1997.

[5] Lackstrom J, Selinker L & Trimble L. Technical Rhetorical Principles and Grammatical Choice [J]. *TESOL Quarterly*, 1973, 7(2): 127–136.

[6] Martin J R & Rose D. *Genre Relations: Mapping Culture* [M]. London: Equinox, 2008.

[7] Melrose, R. *The Communicative Syllabus: A Systemic-Functional Approach to Language Teaching* [M]. London: Printer, 1991.

[8] Snow C E & Uccelli P. The challenge of academic writing [A]. In Olson D R & Torrance N (eds.). *The Cambridge Handbook of Literacy* [C]. Cambridge: Cambridge University Press, 2009. 112–133.

[9] Wang M, Gan Q & Boland J E. Effect of interactive intensity on lexical alignment and L2 writing quality [J]. *System*, 2022, 108(102847): 1–14.

[10] Ye W & Ren W. Source use in the story continuation writing task [J]. *Assessing Writing*, 2019, 39: 39–49.

[11] 蔡基刚."学术英语"课程需求分析和教学方法研究[J].外语教学理论与实践，2012，(2)：30–35，96.

[12] 蔡基刚.中国高校实施专门学术英语教学的学科依据及其意义[J].外语电化教学，2018，(1)：40–47.

[13] 陈浩，文秋芳.基于"产出导向法"的学术英语写作名词化教学研究——以促成教学环节为例[J].外语教育研究前沿，2020，3(1)：15–23，86–87.

[14] 程维.《理解当代中国·汉英翻译教程》的"二次开发"：原则与实践[J].外语教育研究前沿，2023，6(3)：29–34，94.

[15] 姜琳, 陈锦. 读后续写对英语写作语言准确性、复杂性和流利性发展的影响[J]. 现代外语, 2015, 38(3): 366–375, 438.

[16] 姜琳, 涂孟玮. 读后续写对二语词汇学习的作用研究[J]. 现代外语, 2016, 39(6): 819–829, 874.

[17] 姜霞, 王雪梅. 全球胜任力导向的"综合英语"OBE教学模式建构[J]. 中国外语, 2023, 20(6): 4–10, 16.

[18] 刘正光, 郭应平, 施卓廷. 主题统领二次开发实现课程思政、思辨能力与语言能力三位一体培养新目标[J]. 外语教学, 2023, 44(4): 56–62.

[19] 彭红英. 英语学习者写作连贯性的实证研究[J]. 解放军外国语学院学报, 2017, 40(4): 87–92.

[20] 任远, 刘正光. 二次开发外语教材内容服务课程思政[J]. 上海理工大学学报(社会科学版), 2021, 43(4): 321–327.

[21] 唐晓格. 基于需求分析的对外汉语教材二次开发研究[D]. 安徽大学, 2021.

[22] 王初明. 读后续写——提高外语学习效率的一种有效方法[J]. 外语界, 2012, (5): 2–7.

[23] 王初明. 以"续"促学[J]. 现代外语, 2016, 39(6): 784–793, 873.

[24] 王初明. 如何提高读后续写中的互动强度[J]. 外语界, 2018, (5): 40–45.

[25] 王敏, 王初明. 读后续写的协同效应[J]. 现代外语, 2014, 37(4): 501–512, 584.

[26] 王启. 读后续写协同效应对汉语二语学习的影响[J]. 外语与外语教学, 2019, (3): 38–46, 144.

[27] 王雪梅. 英语专业研究生教材的编写出版与评估运用[J]. 山东外语教学, 2012, 33(6): 58–63.

[28] 王中华, 常春青. 跨学科主题教学视野下教材二次开发的现实困境与推进策略[J]. 教学与管理, 2023, (34): 54–59.

[29] 辛声, 李丽霞. 读后续写任务的文本复杂度协同及其对准确度的影响[J]. 解放军外国语学院学报, 2020, 43(1): 33–41.

[30] 严晓朦, 李高清. 读后续写任务中的二语句式产出情况调查[J]. 英语教师, 2016, 16(12): 44–49.

[31] 杨华. 读后续写对中高级水平外语学习者写作修辞的学习效应研究[J]. 外语教学与研究, 2018, 50(4): 596–607, 641.

[32] 俞红珍. 教材的"二次开发"：涵义与本质[J]. 课程·教材·教法，2005，(12)：9-13.

[33] 俞红珍. 教材"二次开发"的教师角色期待[J]. 中国教育学刊，2010，(1)：82-84.

[34] 张德禄. 系统功能语言学与外语教育研究[M]. 上海：上海外语教育出版社，2020.

[35] 张德禄，苗兴伟，李学宁. 功能语言学与外语教学[M]. 北京：外语教学与研究出版社，2005.

[36] 张洁，王敏，陈康. 体裁对读后续写中协同效应和写作质量的影响[J]. 现代外语，2023，46(2)：259-269.

[37] 张秀芹，张倩. 不同体裁读后续写对协同的影响差异研究[J]. 外语界，2017，(3)：90-96.

[38] 周楚仪，杜寅寅. 英语二语读后续写任务中的学习投入研究[J]. 现代外语，2024，47(5)：690-701.

[39] 周雨薇. 基于协同教学的汉语教材二次开发研究[D]. 河南大学，2024.

基于心流理论的英语教材任务的学生体验研究

郭继荣　黄　婷

（西安交通大学，陕西西安 710049）

提　要：本研究从心流理论出发，运用解释性混合研究法，对287名非英语专业大学生展开问卷调查，并对其中8名学生进行访谈，探究他们在完成英语教材任务时的心流与逆心流体验。研究结果表明：(1)近三分之一的大学生在完成教材任务时产生心流体验；(2)具有复杂性、挑战与技能平衡的独立性教材任务特征更易触发学生的心流体验；(3)感知创造力水平高的教材任务更能激发学生的兴趣和自觉性；(4)教师的知识与情感支持以及教材使用的课堂环境是影响学习者心流体验的重要因素。研究结果对教材任务设计、教师教材使用和任务型教学实践具有启发意义。

关键词：心流；逆心流；教材使用；任务感知；积极心理学

Abstract: Based on the Flow theory, this study employs an explanatory sequential mixed-methods design, conducting a questionnaire survey with 287 non-English major college students, and interviewing 8 of them. It explores the flow and anti-flow experience of students when engaging with English as a Foreign Language (EFL) textbooks' tasks. The findings show that: (a) Nearly one-third of college students have experienced flow when engaging with textbooks' tasks; (b) Independently completed tasks characterized by complexity and a balance between challenge and skills are more likely to trigger students' flow experiences; (c) Perceived task creativity can stimulate

基金项目：本研究为上海外国语大学外语教材研究院"高中英语教材中华文化呈现实践路径研究"（编号2022TX0002）的阶段性成果。

作者简介：郭继荣，西安交通大学外国语学院教授，博士生导师，研究方向：跨文化交际、外语教材、社会语言学、语言哲学；黄婷（通讯作者），西安交通大学外国语学院博士生，研究方向：外语教材、积极心理学、AI赋能二语教学。

students' interest in task engagement; (d) Teachers' academic and emotional instruction, as well as the classroom environment in which textbooks are used, are key factors influencing learners' flow experiences. This study provides insights into the design of textbooks' tasks, textbook use, and task-based instruction.

Key words: flow; anti-flow; textbook use; task perception; positive psychology

1. 引 言

心流（flow）是一种积极的心理状态，指"个体在完成某项任务时高度专注和投入，以达到忘我的境界"（Csikszentmihalyi & Rathunde 1993：59）。近年来，基于准实验背景下的特定任务心流研究日益受到学者关注（如Aubrey 2017；Czimmermann & Piniel 2016；Egbert 2003）。然而，学习者在自然教学任务中的心流体验却鲜有研究，尤其是从教材使用角度探讨教材任务的心流研究更是缺乏。教材在自然教学语境里承担重要角色，是教育教学的基本依据（罗生全，张玉 2023），完成教材任务往往是学生焦虑与压力的来源之一（Kusiak-Pisowacka 2016）。完成教材任务时学生是否产生心流体验？哪些教材任务能激发学生的心流体验并让他们产生愉悦的学习情绪？学生如何感知教材任务？这些感知与心流有何关系？对这些问题的探究有助于从学习者角度填补教材使用实证研究的不足（徐锦芬，刘文波 2023）。因此，本研究以心流理论为框架，探讨学生在完成教材任务时的心流与逆心流体验，旨在为教材设计和教学实践提供启示，提升学生的教材使用体验。

2. 文献综述

2.1 概念界定

2.1.1 心流

心流作为一种最优心理的主观体验，指个体全然沉浸于任务而忘却时间与外界的参与过程（Csikszentmihalyi 1999）。早期心流模型重点关注任务难度，认为当任务挑战和个体具备的技能达到平衡时，心流体验则会产生（Csikszentmihalyi 2008）。该模型后续发展为包含心流、冷漠、焦虑和无聊四部分的心流四通道模型（Csikszentmihalyi 2004），后三者为逆心流体验。四通道模型主要探讨挑战与技能的匹配程度，认为较高水平的挑战与技能平衡是心流产生的原因（Csikszentmihalyi 2004；高玉垒等 2022）。在本研究中，心流指学生在完成教材任务时所达到的幸福体验。

2.1.2 教材任务

教材任务是教材编写的关键要素。语言教材的任务编写通常以学生为主体，以培养学生交际能力以及实现特定课程目标为导向（Oura 2001）。英语教材任务具有互动性、文本真实性、学习过程性、学生自主性和知识扩展性等特征（Nunan 1991）：互动性体现为学习者与目标语的交互；文本真实性是对真实语用场景文本的引入；学习过程性强调学习者的学习过程；学生自主性即学习者自身经验的激活，这是教材应用于真实课堂场景的关键因素之一；知识扩展性意味着通过参与任务，学习者能够将课堂知识扩展至课外应用场景。在本研究中，英语教材任务指教师基于教材内容设计的、兼具课堂互动与具体操作的任务（Czimmermann & Piniel 2016）。学生在参与任务过程中能够获得语言知识与交际技能的获取与扩展，教师能够借助教材任务的设定达到特定课程目标。Czimmermann和Piniel（2016）将任务分类为课堂任务、具体任务（如个人、集体性任务），并发现任务特征会影响学习者心流的产生。在此基础上，结合对教材本体的任务特征提取，本研究将教材任务特征分为基于教材的课堂小组讨论、独立完成的写作等课后习题、独立完成的选择题或填空题三类。此外，基于任务难度与心流之间的关系，Czimmermann和Piniel（2016）发现，学生对具体任务的感知与心流和逆心流体验相关。基于此，在本研究中，学生对教材任务的感知是指学生完成教材任务时的感知能力水平、感知难度和感知创造力水平。

2.2 相关研究

在外语教学中，获得心流体验的学习者能更好地激发学习动机（Liu & Song 2021），进而提升语言能力。因此，学者们开始关注学习者在任务中的心流体验。据笔者所知，最早将心流与任务关联的是Egbert（2003），通过混合研究方法，她调查了13名西班牙语学生完成不同任务时的心流体验。此后，Czimmermann和Piniel（2016）采用量化研究的方法，探讨EFL学习者针对不同任务特征的任务感知及其心流与逆心流体验，发现不同的任务特征以及学生的任务感知对心流体验有显著影响。Dao和Sato（2021）研究了学习者在参与互动型任务时的心流体验。这些研究结果表明兴趣、控制、注意力及技能与挑战的平衡是促进心流产生的四个内在学习者因素，而无聊、冷漠和焦虑是触发逆心流的主要因素。此外，情境兴趣（如创造性的教学氛围等）也被视为心流产生的外界因素（Dao & Sato 2021）。

尽管这些研究揭示了任务特征和学习者感知对心流体验的影响，但针对教材任务的心流研究仍然较为匮乏。已有的教材任务研究多聚焦任务的实现与意义。例如，徐锦芬和范玉梅（2017）探讨了教师对教材任务的看法、策略与动机；Oura（2001）认为教材任务的真实性能够实现教材使用的课堂扩展。虽然这些研究强调了教材任务对外语教学的重要性，但对学生在教材任务中的参与体验关注较少。

通过心流视角下的教材任务研究，可以更好地理解学生的任务参与体验，从而改进教材任务的编写策略，提高教材使用效率。因此，本文采用解释性混合研究法，试图解决以下问题：

（1）在完成教材任务过程中，学生的心流和逆心流是如何呈现的？整体状况如何？

（2）教材的任务特征对学生的心流和逆心流体验有何影响？

（3）学生对教材任务的感知与心流和逆心流体验有何关系？

3. 研究设计

3.1 研究对象

根据方便抽样的原则（Dörnyei 2007），选取西部某省会城市非英语专业大一、大二学生共287名（男生56.1%，女生43.9%）为研究对象，这些学生分别来自三所理工类高校，其中，大一144名，大二143名。平均年龄为19岁（SD=0.908），平均英语学习年限为10.12年（SD=0.991），自我评估平均英语水平为中等，均使用同一系列教材。

3.2 研究工具

（1）问卷。问卷包含三个部分，其中一、二部分为主体部分。第一部分探究任务特征与心流和逆心流的关系，针对一个学期内大学英语教材的使用情况展开调查，以测量学生完成教材任务时的心流与逆心流体验。量表改编自Czimmermann和Piniel（2016）和Egbert（2003），改编过程增加了任务类型的题项。由于反向题会增加被试认知负担且易产生测量误差（Krosnick & Presser 2010），所以删除了反向题。经改编后，得到15个心流题项，包括：兴趣（4题），控制（4题），注意力（3题）以及挑战与技能平衡（4题）；8个逆心流题项，包括无聊（4题），冷漠（4题）。焦虑题项参考Horwitz *et al.*（1986）及Dewaele 和 MacIntyre（2014）的量表，删减反向题后得到3个题项；参考Czimmermann和Piniel（2016）的任务分类并结合教材内容，设定了基于教材的课堂小组讨论、独立完成写作等课后习题、独立完成选择题或填空题这三类教材任务特征的题项，最终问卷总共包含29个题项。量表内部一致性良好，心流与逆心流题项的Cronbach's alpha值分别为0.846和0.867，总量表的Cronbach's alpha值为0.754。

以Hu和Bentler（1999）制定的拟合标准为参照，量表具有较好的结构效度（见表1和表2）。量表均采用五级Likert量表计分，计分范围从1=完全不符，到5=完全符合。

表1 心流题项的拟合度指标

	CMIN/DF	RMSEA	CFI	GFI
参考值	<3	<0.08	>0.9	>0.9
修正模型	2.396	0.070	0.910	0.930

表2 逆心流题项的拟合度指标

	CMIN/DF	RMSEA	CFI	GFI
参考值	<3	<0.08	>0.9	>0.9
修正模型	2.215	0.065	0.956	0.945

第二部分测试学生的教材任务感知与心流和逆心流的关系，题项改编自Czimmermann 和 Piniel（2016），就学生的教材任务感知能力水平、感知难度和感知创造力水平进行测量，共3个单选题，学生根据主观经验选择符合自身感知的答案。所有量表和单选题均采用第一人称，并经过反译程序检验。第三部分是人口统计信息，包括性别、年龄、英语学习年限和英语水平等数据。

（2）访谈。研究者在发放问卷时，联系了8名在问卷结束后自愿参与访谈的学生，针对问卷结果做解释性说明，梳理学生完成教材任务时影响心流与逆心流体验的因素。访谈采用面对面的方式并进行录音，提出如："您在完成教材任务时，有哪些感到特别享受和愉悦的经历？能否详细描述一下？"等问题。访谈结束后，将音频逐字转写，以更好地分析和整理访谈资料。访谈者均签署了知情同意书并作匿名化处理，用英文字母编号代替。

3.3 数据收集与分析

问卷以纸质形式发放。主要通过任课教师在课堂上发放问卷，在发放前对任课教师进行了研究说明和相关培训，以确保问卷收集的规范性和一致性。为保证研究伦理，问卷均为自愿匿名填写，不涉及隐私，且数据严格保密。共发放问卷305份，收回有效问卷287份，有效回收率为94.1%。

数据分析方面，使用SPSS 26.0软件对问卷数据进行描述性统计分析、Pearson相关分析及多元线性回归分析，以回答研究问题。访谈内容经过转写后，得到约24,000字符的文本数据，导入NVivo 11软件进行编码分析，以对定量分析结果进行补充和验证。

4. 结果与讨论

4.1 教材任务参与的心流和逆心流总体状况

在五级Likert量表里，心流题项的平均得分达到3.5及以上时，便具有心流体验（高玉垒等 2022）。按此标准，29%的学生在参与教材任务时有心流体验，而71%的学生无心流体验（见表3）。此结果介于Egbert（2003）的25%与高玉垒等（2022）的38.6%结果之间。这种差异可能源于研究对象和任务类型的差异：高玉垒等的研究对象为阅读体验，Egbert的研究对象为课堂心流，而本研究的教材任务涵盖多种类型，包含阅读和课堂任务。学习者面对不同任务的学习自主性不同（Csikszentmihalyi 2008），使本研究中学生的心流体验介于两者之间。

表3 英语教材任务学生心流状态的描述性统计

	学生数量	最小值	最大值	平均值	标准差
心流整体水平	287	1.73	4.67	3.28	0.49
无心流水平	83	3.53	4.67	3.87	0.32
有心流水平	204	1.73	3.47	3.04	0.33

由表4可知，学生参与教材任务时的逆心流水平偏高，总均值为2.85。其中，无聊、冷漠和焦虑的均值分别为2.72、2.73和3.17。根据心流四通道理论，当学习者觉查自身技能高于挑战时会感到无聊，反之则会焦虑；若技能和挑战均处较低水平，则会感到冷漠（Csikszentmihalyi 2004）。本研究结果显示无聊和冷漠的均值接近，表明学生普遍认为任务挑战性较低，但对自身技能的感知存在差异。这与本研究的被试情况相符，即三所学校的学生英语水平存在一定参差。此外，教材使用过程中教师的知识支持和学习过程也影响了学生的体验。例如，学生表示："大多数教材任务由老师课上指导，无论我们回答正确与否，教师都会给出正确答案。"（ST4）这种缺乏学生参与度的教材使用方式一定程度上会导致教材任务缺乏挑战性。

焦虑的总体水平偏高，可能是因为所选学生多为理工科专业，更倾向于数理思维训练，英语学习的自我效能感较低。他们表示："不喜欢记忆，对英语学习本身存在一定的畏难情绪。"（ST2）该结果支持了崔雨和孟亚茹（2023）的观点，即自我效能感低的学生首先关注自身缺陷，易受焦虑等消极情绪的影响。同时，焦虑水平也与教师给予的情感支持有关。例如，学生表示："老师通常会格外关注语言知识学习的教材任务，我比较健忘，过度强调这种背诵性的任务常让我感到焦虑。"（ST8）

表4 英语教材任务学生逆心流状态的描述性统计

	最小值	最大值	平均值	标准差
逆心流整体水平	1	4.64	2.85	0.68
无聊	1	5	2.72	0.79
冷漠	1	4.5	2.73	0.77
焦虑	1	5	3.17	0.97

为深入分析学生心流体验状况，本研究对心流与逆心流各维度展开相关性检验（见表5）。结果显示，心流与兴趣、控制、注意力、挑战与技能平衡呈显著正相关，与无聊、冷漠和焦虑呈显著负相关。逆心流结果与之相反。该发现与Dao和Sato（2021）的结论一致，即学生只有在感兴趣、自愿且自主的积极情绪下，才能享受任务参与过程。因此，教材任务设计应以学生为主，设计教学灵活性强、学生适配性佳的教材任务（Skehan 2003）。

尽管焦虑总体得分较高，但与心流呈弱负相关。该发现支持了前人关于焦虑对学习者情绪影响有限的结论（Dao & Sato 2021）。完成教材任务时，有心流体验的学习者往往因享受而忘却焦虑（Boudreau et al. 2018）。就逆心流体验而言，无聊和冷漠与其呈高度正相关，注意力与其呈显著负相关。这表明若学生对教材任务感到无聊和冷漠，则更易产生逆心流。这与本研究的访谈结果一致，即学生缺乏任务参与式的学习过程导致挑战性欠缺。因此，作为教材使用的主体，教师应提升教材任务的互动性，激发学生的学习自主性，增强课堂的情境兴趣（Czimmermann & Piniel 2016; Egbert 2003；Matsumoto 2019）。

表5 心流和逆心流与各维度之间的相关性分析

	兴趣	控制力	注意力	挑战与技能平衡	无聊	冷漠	焦虑
心流体验	0.834**	0.815**	0.782**	0.599**	-0.602**	-0.524**	-0.239**
逆心流体验	-0.444**	-0.427**	-0.621**	-0.209**	0.844**	0.883**	0.735**

注：* $p<0.05$，** $p<0.01$，下同。

4.2 教材任务特征对心流和逆心流体验的影响

为回答研究问题二，本研究分别以心流和逆心流状态为因变量，教材任务特征为自变量，开展多元线性回归分析，探究任务特征对学生心流与逆心流体验的影响。结果显示，$p<0.01$，VIF<10，表明回归方程显著且不存在多重共线性（见表6、表7）。具体而言：（1）教材任务特征可以解释学生心流体验的40%，回归系数估计为正，表明基于教材的课堂小组讨论、独立完成课后习题、独立完成课中选择、填空题均对心流体验有显著正向影响。（2）教材任务特征可解释学生逆心流体验的25.8%，独立完成教材课后习题与教材选择填空题对逆心流体验有显著负向影响，即独立完成教材习题能显著减少学生的逆心流体验。（3）基于课堂的小组讨论与逆心流体验的回归系数为负，未通过统计显著性检验，表明课堂小组讨论这一教材任务与学生的逆心流体验不相关。

值得注意的是，在控制其他变量的前提下，独立完成写作等任务对学生心流的影响最大，独立完成选择题或填空题的影响次之，课堂小组讨论影响最小（见表6）。该发现与表5结果一致，与前人研究存在差异。Czimmermann和Piniel（2016）以及Egbert（2003）认为心流状态与任务参与人数无关，但本研究却发现，个人任务比小组任务更易激发心流体验。结合访谈内容，原因可能与教材使用环境有关：一是由于日常英语语境匮乏，部分学生对课堂上公开说英语"有畏难等负面情绪"（ST5）。二是在同学面前，追求完美表现的欲望使学生具有强烈的自我意识（Egbert 2003），从而无法达到忘我的境界。正如访谈对象中某双一流大学的学生所说："虽然我的英语水平尚可，但同学们的水平都很高，所以我不好意思在课上发言，回答教材的问题。"（ST4）三是受中国教师为主体的授课方式影响（Chen *et al.* 2023）。有学生表示"老师过于强调语言技能的讲解，且受有限课堂时间的制约，我们在任务参与过程频繁被打断和纠正，阻碍了注意力的集中。"（ST3）相比之下，以写作为代表的课后教材任务更能激发学生的心流体验，因为学生对写作内容有"自主掌控感"（ST6），这源于教材内容讲解的先验知识，使学生对写作任务有清晰认知并掌握了一些写作技能。此外，写作这一具有挑战性的压迫式输出任务，使学生更关注过程而非结果（Egbert 2003），抑制了负面情绪的产生。同时，"写作是私密的个人行为"（ST5），不受他人干扰的特征使学生的注意力更为聚焦。

本研究通过Pearson相关分析检验了教材任务特征与心流和逆心流各维度之间的关系，结果显示：兴趣、注意力、控制与心流体验具有相对较高的正相关关系（见表8），再次证实学生只有在对任务感兴趣且有掌控感时，才更易触发心流体验。在三个任务特征中，挑战与技能平衡和独立完成选择或填空题呈较高正相关，这意味着设定此类任务时，应确保任务难度与教材内容、教师讲解和学生的先验知识紧密关联。值得关注的是，课堂小组讨论与无聊、冷漠呈较低负相关，与焦虑无显著相关性。这是因为限时的课堂小组讨论具有一定的学习压力，能激发学生参与任务的重要性和紧迫性意识（Egbert 2003），在一定程度上抑制逆心流的产生，但不一定能够触发心流体验。因此，教师应为教材任务讲解预留充足的课堂时间，并根据学生的学习需求及其动态变化，因地制宜地改编教材任务，使之更具真实性和适应性，从而推动高效、愉悦的教材使用体验。

表6 教材任务特征对心流体验的影响

	非标准化系数	标准化系数	VIF	R^2
基于教材的课堂小组讨论	0.108**	0.212**	1.255	
独立完成写作等课后习题	0.153**	0.292**	1.902	0.400
独立完成选择题或填空题	0.147**	0.264**	1.840	

表7 教材任务特征对逆心流体验的影响

	非标准化系数	标准化系数	VIF	R^2
基于教材的课堂小组讨论	-0.040	-0.055	1.255	
独立完成写作等课后习题	-0.174*	-0.239*	1.902	0.258
独立完成选择题或填空题	-0.225**	-0.288**	1.840	

表8 教材任务特征与各维度之间的相关性分析

	兴趣	控制力	注意力	技能与挑战平衡	无聊	冷漠	焦虑
基于教材的课堂小组讨论	0.435**	0.309**	0.355**	0.209**	-0.344**	-0.262**	-0.052
独立完成写作等课后习题	0.496**	0.427**	0.506**	0.229**	-0.481**	-0.430**	-0.200**
独立完成选择题或填空题	0.439**	0.389**	0.478**	0.351**	-0.485**	-0.458**	-0.205**

4.3 学生的任务感知与心流、逆心流体验的关系

为回答研究问题三，本研究进行了Pearson相关分析，结果表明，学生的感知创造力水平与心流体验及其各维度呈正相关，尤其是兴趣、控制和注意力（见表9）。就逆心流体验而言，感知创造力水平与无聊、冷漠呈负相关。该发现与Czimmermann和Piniel（2016）的结果一致，说明学生通常对创造性的任务更感兴趣，因此教材任务的编写应多样化、趣味化，以增强教材任务的知识扩展。感知能力水平与心流体验呈弱正相关，与挑战技能平衡无统计显著性，与无聊呈弱负相关。感知难度与挑战技能平衡存在弱负相关，与冷漠、焦虑和无聊有弱正相关。这意味着，逆心流体验不仅与任务本身的难度有关，还与学生的感知有关。若学生认为教材任务超出自身能力而无法驾驭，则会产生无聊、冷漠或焦虑等负面情绪（Bandura 1986；崔雨，孟亚茹 2023）。因此，教师在教材任务讲解时应及时反馈，引导学生正确归因，提升学生的自我效能感。然而，这种及时反馈往往受课堂规模的限制，导致教师在讲解教材任务时"无法对每个学生逐一指导"（ST7）。这种课堂环境在一定程度上使学生在完成教材任务时产生失控感。这启发教材任务编写者在编写教材时应考虑教材使用的具体课堂环境，增进师生之间的良性互动，激发学生的课堂注意力与任务参与度。

表9 学生的任务感知与心流、逆心流及各维度间的关系

	感知能力水平	感知难度	感知创造力水平
心流体验	0.149*	-0.242**	0.454**
兴趣	0.170**	-0.124*	0.467**
控制	0.125*	-0.173**	0.359**
注意力	0.155**	-0.219**	0.369**
挑战技能平衡	-0.030	-0.272**	0.131
逆心流体验	-0.071	0.231**	-0.341**
无聊	-0.134*	0.140*	-0.414**
冷漠	-0.054	0.213**	-0.333**
焦虑	0.020	0.129**	-0.081

5. 结　语

本研究基于心流理论，采用解释性混合研究法，以非英语专业大学生为对象，探究其完成英语教材任务时的心流与逆心流体验，聚焦任务特征、学生对教材任务的感知与心流、逆心流各维度之间的关系。结果表明，近三分之一的学生在完成教材任务时产生了心流体验。兴趣、控制、注意力、挑战与技能的平衡是心流产生的重要因素。学生自主完成的教材任务特征更易引发心流。复杂性的教材任务（如写作）则更好地激发学生的心流体验。限定时间内的课堂小组讨论有助于学生集中注意力，抑制逆心流状态的产生。就学生对教材任务的感知而言，具有创造性、难度可控的教材任务能够提高学生的学习兴趣和自主学习能力。教师的知识与情感支持，以及教材使用的课堂环境是影响学习者心流体验的因素。

本研究不仅将心流理论引入至外语教材研究，而且对任务型外语教学有一定的实践意义。基于研究发现，就教材设计和教学实践提出如下建议：教材任务设计方面，应注意（1）提升课文与任务的结合度、连贯性，以增强学生的心流体验。（2）设定更多学习者主体的教材任务，使

任务更具真实性，提高学生的任务完成掌控感。（3）除考虑语言因素外，还应从心流视角出发，提升学习者的任务参与过程。例如，引入新颖任务，增加教材任务完成时的"游戏体验"。教材使用方面，（1）教师应关注课堂进度、课文讲解与任务布置间的关联，合理分配课堂时间，使学生沉浸于任务参与，而非仓促为其提供答案；清晰解释任务有助于学生掌握任务形式和目标；教材使用应以学生为中心，关注学生学情动态变化，培养任务情境兴趣；对于小组展示类教材任务，应培养学生的交际能力而非语法规则的应用，因为交际行为中无意识的聚焦是心流产生的关键条件（Egbert 2003）；此外，教师还应增强教材任务的互动性，及时反馈学生的任务完成情况，让学生感受到教师对其努力的尊重，增强完成任务的自觉性和责任感，提升自我效能感。（2）学生作为使用者，掌握一定的心流知识有助于他们依据自身学习特点调整教材任务，并对任务的完成情况正确归因，从而进行知识扩展。

本研究是自我报告型横截面研究，存在样本自我选择偏差。未来可纳入课堂观察等第三方视角，并从教师反馈等干预作用出发，探索教材任务设计对学生心流体验的历时影响。同时，细化研究颗粒度，可选取某一具体教材使用案例，基于该教材任务设计特点，对学生的心流体验进行详细分析和探讨。

参考文献

[1] Aubrey S. Measuring flow in the EFL classroom: Learners' perceptions of inter- and intra-cultural task-based interactions [J]. *TESOL Quarterly*, 2017, 51(3): 661–692.

[2] Bandura A. *Social Foundations of Thought and Action* [M]. New Jersey: Englewood Cliffs, 1986.

[3] Boudreau C, MacIntyre P & Dewaele J-M. Enjoyment and anxiety in second language communication: An idiodynamic approach [J]. *Studies in Second Language Learning and Teaching*, 2018, 8(1): 149–170.

[4] Chen J, Lin C H, Chen G & Fu H. Individual differences in self-regulated learning profiles of Chinese EFL readers: A sequential explanatory mixed-methods study [J]. *Studies in Second Language Acquisition*, 2023, 45(4): 955–978.

[5] Csikszentmihalyi M. If we are so rich, why aren't we happy? [J]. *American Psychologist*, 1999, 54(10): 821.

[6] Csikszentmihalyi M. *Good Business: Leadership, Flow, and the Making of Meaning* [M]. London: Penguin, 2004.

[7] Csikszentmihalyi M. *Flow: The Psychology of Optimal Experience* (2nd Ed.) [M]. New York: Harper, 2008.

[8] Csikszentmihalyi M & Rathunde K. The measurement of flow in everyday life: Toward a theory of emergent motivation [A]. In Jacobs J E (ed.). *Developmental perspectives on motivation* [C]. Lincoln: University of Nebraska Press, 1993. 57–98.

[9] Czimmermann E & Piniel K. Advanced language learners' experiences of flow in the Hungarian EFL classroom [A]. In MacIntyre P D, Gregersen T & Mercer S (eds.). *Positive Psychology in SLA* [C]. Bristol: Multilingual Matters, 2016. 193–214.

[10] Dao P & Sato M. Exploring fluctuations in the relationship between learners' positive emotional engagement and their interactional behaviours [J]. *Language Teaching Research,* 2021, 25(6): 972–994.

[11] Dewaele J-M & MacIntyre P D. The two faces of Janus? Anxiety and enjoyment in the foreign language classroom [J]. *Studies in Second Language Learning and Teaching,* 2014, 4(2): 237–274.

[12] Dörnyei Z. *Research Method in Applied Linguistics* [M]. Oxford: Oxford University Press, 2007.

[13] Egbert J. A study of flow theory in the foreign language classroom [J]. *The Modern Language Journal*, 2003, 87(4): 499–518.

[14] Horwitz E K, Horwitz M B & Cope J. Foreign language classroom anxiety [J]. *The Modern Language Journal*, 1986, 70(2): 125–132.

[15] Hu L & Bentler P M. Cutoff criteria for fit indexes in covariance structure analysis: Conventional criteria versus new alternatives [J]. *Structural Equation Modeling: A Multidisciplinary Journal*, 1999, 6(1): 1–55. https://doi.org/10.1080/10705519909540118

[16] Krosnick J A & Presser S. Question and questionnaire design [A]. In Marsden P V & Wright J D (eds.). *Handbook of Survey Research* (2nd Ed.) [C]. Emerald: Group Publishing, 2010. 264–313.

[17] Kusiak-Pisowacka M. How to test for the best: implementing positive psychology in foreign language testing [A]. In Gabryś-Barker D & Gałajda D (eds.). *Positive Psychology Perspectives on Foreign Language Learning and Teaching* [C]. London: Springer International Publishing, 2016. 289–306.

[18] Liu H & Song X. Exploring "Flow" in young Chinese EFL learners' online English learning activities [J]. *System*, 2021, 96, 102425.

[19] Matsumoto Y. Material moments: Teacher and student use of materials in multilingual writing classroom interactions [J]. *The Modern Language Journal*, 2019, 103(1), 179–204.

[20] Nunan, D. Communicative tasks and the language curriculum [J]. *TESOL Quarterly*, 1991, 25(2): 279–295.

[21] Oura, G K. Authentic task-based materials: Bringing the real world into the classroom [J]. *Sophia Junior College Faculty Bulletin*, 2001, 21: 65–84.

[22] Philp J & Duchesne S. Exploring engagement in tasks in the language classroom [J]. *Annual Review of Applied Linguistics,* 2016, 36: 50–72.

[23] Skehan P. Task-based instruction [J]. *Language Teaching*, 2003, 36(1): 1–14.

[24] 崔雨, 孟亚茹. 积极心理学视角下自我效能感、外语愉悦与英语水平的关系研究[J]. 外语研究, 2023, 40 (1)：75–80.

[25] 高玉垒, 张智义, 倪传斌. 外语阅读中的心流体验及其与阅读表现的关系[J]. 外语界, 2022, (3)：70–78.

[26] 罗生全, 张玉. 教材建设国家事权的基本思想及品格特征[J]. 教育研究与实验, 2023, (4)：61–72.

[27] 徐锦芬, 范玉梅. 大学英语教师使用教材任务的策略与动机[J]. 现代外语, 2017, 40 (1)：91–101, 147.

[28] 徐锦芬, 刘文波. 外语教材使用：分析框架与研究主题[J]. 现代外语, 2023, 46 (1)：132–142.

智慧环境下的数字教材使用研究——以混合式教学为例

沈 麟

（贵州大学，贵州贵阳 550025）

提　要：信息技术的快速发展为智慧教育带来了新的机遇与挑战。本研究以贵州大学2023级实验班的英语课程为例，探讨智慧教育环境下数字教材与混合式教学的融合模型及其应用效果。研究结合"任务型语言教学"与"个性化学习理论"，构建了一个涵盖课前准备、课中活动和课后拓展的混合式教学模型，并在实际教学中进行了验证。研究发现，数字教材显著提高了学生的英语能力，增强了学习动机，并促进了教师角色的转变。然而，硬件设施不足、教师技术能力欠缺以及学生自主学习能力不足等问题仍需解决。本研究提出了针对教学实践者、教育决策部门和教材开发人员的策略建议，旨在为智慧教育的进一步发展提供理论支持与实践参考。

关键词：智慧环境；数字教材；混合式教学；个性化学习

Abstract: The rapid development of information technology has brought new opportunities and challenges to smart education. This study, using the English courses of the 2023 experimental class at Guizhou University as an example, explores the integration model and application effects of digital textbooks and blended teaching in a smart education environment. Combining "task-based language teaching" and "personalized learning theory", the study constructs a blended teaching model that includes pre-class preparation, in-class activities, and post-class extension modules, and

基金项目：上海外国语大学外语教材研究院外语教材研究项目"智慧环境下全新版大学进阶英语数字课程的有效运用"（编号2023GZ0001）。

作者简介：沈麟，博士，贵州大学外国语学院教授，研究方向：智慧技术赋能语言教学、跨文化交际、海外中国形象学研究。

validates it in practical teaching. The findings indicate that digital textbooks significantly enhance students' English proficiency, strengthen learning motivation, and promote the transformation of teachers' roles. However, issues such as insufficient hardware facilities, teachers' lack of technical skills, and students' inadequate self-directed learning abilities still need to be addressed. This study proposes strategic recommendations for teaching practitioners, educational decision-making departments, and textbook developers, aiming to provide theoretical support and practical references for the further development of smart education.

Key words: smart environment; digital textbooks; blended teaching; personalized learning

1. 引 言

在全面推进教育数字化战略行动的时代背景下，数字教材作为智慧教育生态的关键要素，其科学使用与创新发展，对技术赋能教育效能释放及落实教育方针、推动教育强国建设意义重大。党的二十大报告提出"推进教育数字化，建设学习型社会与大国"，为数字教材的研究与实践提供了战略指引。《中国教育现代化2035》明确提出"推动新技术与教育教学深度融合"，为数字教材和智慧教育发展提供了政策依据。

目前，中国高校数字教学平台覆盖率较高，本科及高职院校基础功能覆盖率达90%–100%，其中147所"双一流"高校实现100%覆盖。整体来看，中国高校数字化教学基础设施已基本普及，但平台深度应用和个性化功能仍有提升空间。作为智慧教育的重要组成部分，数字教材融合了纸质教材内容与多媒体资源，并通过智能平台支持互动学习、即时反馈和个性化教学（葛建平 2024）。然而，现有研究表明，高校外语数字教材在智慧教育理念落地、实践案例嵌入及最新学术成果转化等方面仍存在滞后（王雪梅等 2025）。现有数字教材在资源调用效率、交互设计深度、数据追踪能力等方面存在不足，导致教师难以高效组织混合式教学，学生缺乏深度学习工具，制约了混合式教学效能的释放。

基于此，本研究聚焦智慧环境下数字教材的有效使用，构建涵盖课前准备、课中活动和课后拓展的混合式教学模型，旨在通过优化数字教材功能设计、资源整合与数据应用，解决技术赋能与教育实践之间的衔接障碍，推动教育数字化转型从简单技术叠加走向效能深度释放，形成可复制、可推广的"智慧教育解决方案"，助力教育公平与高等教育改革深化。

2. 文献综述

2.1 数字教材

2.1.1 数字教材的内涵

数字教材作为教育信息化的重要产物，突破了传统纸质教材的局限，逐渐成为教育教学中的关键资源。它不仅仅是传统纸质教材的数字版，更是一种将教学内容、富媒体教学资源、学习工具及技术平台进行有机融合的新形态教材，兼具契合度、有效度、拓展度三大特征，即设计紧扣教学大纲与目标、利用智能技术优化教学流程、拓展内容时效性强且注重学习过程（宋毅，王繁 2024）。

大数据和人工智能等技术的突破性发展，为数字教材在教学场景中的应用提供了强大支持，使其从静态的资源升级为动态的"智能导师"和"智慧伙伴"，为学生的个性化学习和教师的智慧教学提供支撑（赵丙勋，袁华莉 2025）。在学生自主学习场景中，数字教材可以根据不同学生的学习进度、学习能力、学习特点以及学习兴趣制定个性化的学习内容，并即时调整学习难度（陈海霞 2024）。此外，数字教材可以通过可视化分析技术构建学生学习行为的详细画像，洞察学生的学习时间分配、习惯模式、认知规律等深层次信息，为开发高效学习模型提供依据，进而优化学习路径，提升学习效率（张雅楠 2024）。在教师备课与教学场景中，数字教材作为资源库，可以提供丰富的教学素材与工具支持。教师可基于教材内容定制高效学习方案，利用数据分析功能掌握学情，精准把握教学重难点，还可以使用智能教学助手辅助教学（赵丙勋，袁华莉 2025）。通过数字教材提供的交互式工具和平台，教师可设计多样化的教学活动（如项目式学习、探究式学习、小组合作学习等），激发学生的学习兴趣和主动性，助力创新教学。

2.1.2 数字教材的相关研究

作为信息技术与教育教学深度融合的产物，数字教材凭借其多模态呈现、交互性增强、个性化支持和动态更新等显著特征，突破了传统纸质教材的功能边界。近年来，数字教材在智慧环境中的应用研究逐渐兴起。葛建平（2024）指出，数字教材与人工智能技术紧密结合，拥有互动性强、资源丰富、即时反馈等优势。丁明杰（2024）探讨了智慧平台与数字教材的融合路径，通过模块化设计和任务驱动法，将数字教材嵌入智慧教学全流程，为学生提供线上线下一体化的学习支持，促进协作学习和创新思维培养，构建了全方位、多层次的学习生态系统。

在数字教材的使用策略方面，现有研究主要集中在教学设计、学习活动和技术支持三个层面。教学设计层面强调以学习者为中心，设计分层教学内容和多样化学习任务，以满足不同层次学生的需求。学习活动层面，葛福洪、张丽萍（2019）指出，在线讨论、协作学习和即时反馈能显著增强学生的学习动机与参与度。技术支持层面则依托大数据分析学生学习行为，优化教学资源分配，实现精准教学。然而当前研究存在两方面局限：其一，侧重技术特性与理论框架建构，对数字教材在真实教学场景中的实施效果、师生适应过程等实证研究不足；其二，针对数字教材使用面临的资源分配不均、教师培训不足、学生自主学习能力欠缺等问题（钟学娥 2023；冯晓英等 2018；胡科等 2021），现有研究多为定性描述，缺乏对学习效果的量化分析和长期跟踪研究（冯晓英等 2018）。因此，亟待构建更有效的教学模式来适应数字教材的现实需求，并对其效果展开实证研究。

2.2 混合式教学

2.2.1 混合式教学模式

混合式教学融合了传统的面对面教学与在线学习，结合二者优势，以学生为中心，教师为引导，整合各类数据和科技手段，通过在合适的时机采用合适的教学方法，利用丰富的学习资源，激发学生学习兴趣，提升教学效果，并促进学生的跨学科学习（刘雨眠，郭燕2024）。柯蒂斯·邦克（Curtis J. Bonk）将其定义为面对面教学和计算机辅助在线学习的结合，基于该界定，混合学习的形式可以是多样化的，教师可根据不同的学习对象、学习需求和学习情境来进行混合式教学（孙燕，李晓锋2023）。"互联网+"时代的到来使混合式教学的概念发生了变化，由"面对面教学与线上教学结合"演变为"基于移动通信设备、网络学习环境与课堂讨论相结合的教学情境"（冯晓英等2018）。混合式教学模式衔接贯穿整个教学流程，课前与课后的教学以线上教学为主，课中则侧重于线下互动。通过"线上预习+线下精讲"，学生可借助平台资源自主学习新知识，构建初步认知，线下教师针对预习中的共性难点、重点深入剖析；通过"线上练习+线下实践"巩固知识，线上即时练习反馈，线下课堂组织实验、项目实践活动，将知识应用于实际；通过"线上交流+线下研讨"拓展学生思维，线上随时交流观点、讨论问题，线下课堂组织辩论、小组研讨深化理解。

当前，混合式教学模式的实践与研究日益成熟，被认为是未来教学的主要形式。然而，现有混合式教学模式在智慧环境下的应用仍处于探索阶段，基于实践案例的实证研究相对滞后，且缺乏系统性和创新性。因此，通过实证研究探索与智慧环境相匹配的教学模式，推动混合式教学的创新发展，成为当前教育领域的关键任务。

2.2.2 智慧环境下的教学模式创新

在智慧环境下，混合式教学可以充分发挥线上教学的灵活性和线下教学的互动性优势。一些教学研究将"任务型语言教学（Task-Based Language Teaching, TBLT）"理论与混合式教学相结合，如Farid等（2020）探究混合式任务型语言教学对学生写作能力的影响，将90名学生分为两组进行对照实验，发现接受该教学的学生写作成绩显著高于接受传统语言教学的学生。

根据Ellis（2009）对"任务型语言教学"定义的三阶段（任务前阶段、任务中阶段和任务后阶段）框架，数字教材具备灵活性与便携性等特征，深度赋能"任务前—任务中—任务后"各个环节：任务前阶段，通过对学生学情的分析，可以布置个性化的预习任务，并为教学设计提供科学精准的数据支撑（赵丙勋，袁华莉 2025）；任务中阶段，可以添加视频、动画等交互式多媒体内容丰富教学内容，并利用AR、VR等技术令学生身临其境地感受教学中的特定情景，展开课堂互动和讨论任务，提升教学的趣味性和有效性（白彦等 2024）；任务后阶段，对学生的学习数据进行系统的可视化分析，优化学习路径，并进行即时反馈（张雅楠 2024）。

此外，个性化学习理论（Personalized Learning Theory）也是指导智慧教育下外语教学的一个重要理论（高琳琦 2023）。它强调基于学习者差异定制教学（Bloom 1984），与中国"因材施教"理念高度契合。数字教材可通过动态资源推荐和学习路径优化来落实这一理论：Huang等（2012）开发了一套交互式数字教材学习系统，并研究了这一智慧学习系统对小学生学习的影响。结果表明，合适的数字教材可以促进儿童的学习，并为他们提供个性化的学习服务，培养学习兴趣。智慧环境还可以通过提供实时的学习反馈和评估，并设置针对性的学习内容、学习活动与目标能力培养，实现真正的个性化学习，为开展规模化因材施教提供路径（牟智佳等 2025）。例如，智慧学习系统会根据学生的学习错误率和学习风格推荐个性化的学习内容。首先，通过诊断测试识别学生掌握程度较低的概念，并根据错误率生成相应的学习路径；同时，系统还会根据学生的学习风格推荐适合的学习材料，例如视觉型学生可以选择观看视频，听觉型学生可以选择收听音频讲解，从而更好地满足学生的个性化学习需求（Ingkavara *et al.* 2022）。

综上，任务型语言教学和个性化学习理论为智慧环境下教学模式的创新提供了新的思路。结合这两种理论，本研究将构建"任务驱动的个性化混合式教学模型"，既保留了任务型语言教学"以意义为中心""强调语言运用"的本质，又通过个性化学习技术突破了传统课堂的局限，使任务的设计、实施与反馈真正适配每位学习者的需求。本研究将对该模型在实际教学中的应用展开效果验证，旨在提高外语教学效果与学生的综合能力，为智慧环境下的数字教材使用提供参考借鉴。

3. 研究过程

3.1 研究问题

本研究主要围绕以下两个研究问题开展：

（1）智慧环境下学生对数字教材的使用体验如何？

（2）智慧环境下数字教材在学生的英语学习效果上有何影响？

以上研究问题聚焦于数字教材对学生学习的具体影响，包括学习动机的提升和英语能力等方面的改善。基于对这些问题的探讨，本研究旨在设计并验证适用于智慧环境的数字教材与混合式教学融合模型，以期为教育实践提供创新思路与有效策略。

3.2 研究对象

本研究的研究对象为贵州大学2023级实验班的英语课程学生，共120人，平均年龄为18岁，其中男生82人，女生38人。研究周期为2023年9月至2024年1月。实验班的学生具有多学科背景，学习风格和能力水平呈现多样化特征，符合本研究对验证数字教材在智慧环境下的普适性与有效性的要求。实验班的英语课程旨在培养学生的英语应用能力、跨文化交际意识和交际能力、自主学习能力、综合文化素养、人文精神和思辨能力。这样的教学目标与数字教材的功能高度契合，为开展实证研究提供了理想的教学环境。

3.3 研究设计

3.3.1 任务驱动的个性化混合式教学模型

本研究基于"任务型语言教学"和"个性化学习理论"，构建了一个适用于智慧环境下的数字教材与混合式教学融合PIE的模型（见图1）。该模型通过多模态资源的整合（P-Prepare）、实时反馈与个性化支持（I-Interact），以及增强协作评估（E-Evaluate），构建了一个完整的教学闭环，旨在通过数字化手段实现学习资源的精准配置、教学互动的深化以及学习效果的全面评估。

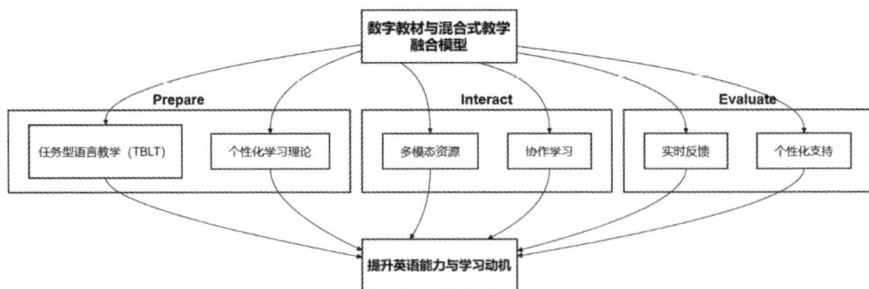

图1 混合式个性化教学模型

具体而言，各环节依次对应教学过程中的准备、互动活动和拓展评估阶段：课前学生登录数字教材平台，观看教学视频，完成相应学习任务以及浏览相关教学资源；课中包括教师讲解、学生汇报以及教师指导三个环节；课后学生再次进入数字教材平台，完成在线作业并对课堂知识点进行巩固和拓展，教师则通过平台的即时反馈，了解学生学习情况，为后续教学做准备。

3.3.2 教学流程

在贵州大学2023级实验班的英语课程中，教师采用了《全新版大学进阶英语》数字课程作为主要教材。该教材融合了纸质教材内容与多媒体资源，依托智能平台实现互动学习、即时反馈和个性化教学，为学生提供丰富的学习体验，也为该数字教材与混合式教学融合模型在实际教学场景中的应用与验证提供了条件。具体教学流程见图2。

课前准备阶段：学生通过数字教材平台进行自主学习，观看视频、完成词汇和语法练习等。平台根据学生的学习进度和掌握情况，提供个性化的学习建议与资源推荐。例如，在Unit 1 "Ocean Exploration" 中，学生观看关于海洋探索的视频，并完成相关的预习作业。这一阶段旨在激发学生的学习兴趣，帮助其构建初步的知识框架。

课中活动阶段：教师通过智慧教室的多媒体设备导入新课，讲解重点内容，并组织多样化的课堂互动活动。例如，学生分组讨论海洋探索的相关话题，并通过情景模拟活动展示他们的学习成果。教师在此过程中给予实时反馈和针对性指导，引导学生优化语言表达，强化逻辑思维。此阶段注重师生、生生互动与协作，旨在深化学生对知识的理解与内化。

课后拓展阶段：学生通过数字教材平台完成在线作业，并继续参与主题讨论。教师通过平台及时批改作业，为学生提供即时反馈与个性化建议，帮助学生巩固和拓展所学内容。例如，学生课后在平台上继续深入讨论海洋探索的相关话题，分享学习心得并提出问题。此阶段旨在促进学生自主复习与拓展提升，巩固学习效果。

通过上述设计，本研究一方面可以验证智慧环境下数字教材与混合式教学融合模型的有效性，另一方面也为解决实际教学中的痛点问题提供了可行的解决方案，为高等教育数字化转型提供了理论依据和实践参考。

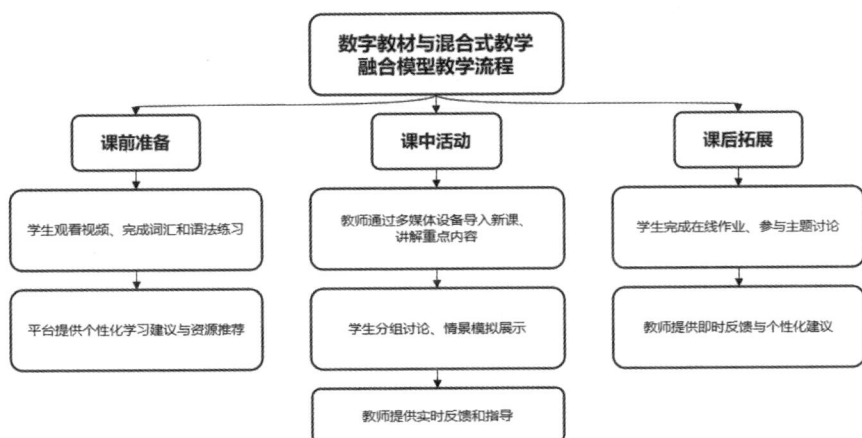

图2 教学流程图

3.4 数据收集与分析

3.4.1 数据收集

3.4.1.1 问卷调查

本研究在学期初和学期末分别对学生进行问卷调查，以评估学生对数字教材的使用体验和学习动机的变化。问卷包含了5个维度，20个题项（如学习兴趣维度，包含"数字教材让我更愿意参与课堂学习"等4个题项）。问卷采用Likert五级量表，从"非常不同意"到"非常同意"进行评分，确保数据的可靠性和有效性。学期初和学期末的量表Cronbach's α系数分别为0.81和0.87，信度良好。问卷共发放120份，有效回收率达100%。

3.4.1.2 前后测考试成绩

本研究收集了学生学期初和学期末的考试成绩，以评估学生英语能力的提升情况。为了更好地进行对比，两次考试的内容难度与分值均保持一致。考试内容涵盖听力、阅读和写作三个模块，每个模块的权重分别为40%、40%、20%。考试成绩的量化分析能够直观反映数字教材对学生英语能力的影响。

3.4.1.3 访谈

本研究在学期末对部分教师和学生进行了半结构化访谈，深入了解数字教材在实际教学中的应用效果和存在的问题。访谈提纲参考了胡科等（2021）的研究，主要涉及数字教材的功能使用情况、学生的学习体验、教师的教学体验、技术支持情况等问题。共访谈15名学生和3名教师，每次访谈平均耗时35-40分钟。访谈数据经录音和记录整理，最终形成近3万字的文稿。

3.4.2 数据分析

3.4.2.1 定量分析

运用SPSS 26.0软件对问卷调查和考试成绩数据展开统计分析，评估数字教材的应用效果。首先，通过描述性统计方法总结学生对数字教材的使用体验和学习动机的总体情况。其次，采用t检验比较学期初和学期末考试成绩的显著性差异，量化数字教材对学生英语能力提升的实际效果。

3.4.2.2 定性分析

采用主题分析法对访谈数据进行系统分析，以深入挖掘数字教材应用中的关键问题和成功经验。首先，对访谈录音进行转录，形成文本数据，并进行初步阅读和标记。在此基础上，依据访谈提纲和研究问题，将数据细分为若干主题，如学习体验、技术支持和教学效果等。通过这一编码过程，能够对数据进行结构化处理，为后续的主题提取奠定基础。最终，通过识别和归纳这些主题中的关键信息，提取出数字教材应用中的核心问题和成功经验，从而为研究结论提供坚实的实证支持。

4. 结果与讨论

4.1 问卷调查结果与讨论

本次调查共回收有效问卷120份。问卷结果显示，在学习兴趣方面，绝大多数学生对数字教材表现出高度认可和积极态度。其中，85%的学生对数字教材内容感兴趣，80.26%的学生认为数字教材使他们更愿意参与课堂学习，83.58%的学生觉得数字教材比传统教材更具吸引力，82.40%的学生表示数字教材激发了他们对课程内容的好奇心。这些数据表明数字教材在提升学习兴趣、课堂参与度以及学习体验方面具有显著优势，展现出较大的应用价值和推广潜力（白彦等2024）。

在学习动机方面，学生对数字教材在促进学习成效和动力方面的积极作用也给予了高度认可。其中，78.50%的学生认为数字教材有助于提高学习成绩；72.30%的学生因数字教材而感到学习有成就感；81.20%的学生表示数字教材让他们更有动力完成学习任务；此外，65.40%的学生愿意花更多时间使用数字教材来提升学习能力。正如丁明杰（2024）所提到，数字教材在增强学生学习动力和成就感、推动学习成绩提升方面的显著优势，为教学实践提供了有力支持。

针对自主学习能力，根据问卷调查结果，学生对数字教材在自主学习支持方面的表现也给予了高度认可。其中，76.50%的学生认为能够利用数字教材独立完成学习任务；74.20%的学生表示数字教材能够帮助他们更好地规划学习进度；78.90%的学生觉得可以通过数字教材找到适合自己的学习方法；此外，72.80%的学生认为可以合理安排时间使用数字教材进行自主学习。这些数据充分表明数字教材在提升学生自主学习能力、学习规划和方法选择方面的显著优势，为学生的学习提供了有力支持（赵丙勋等2025）。

在技术接受度方面，学生对数字教材的功能性、界面友好度及技术特点也给予了高度认可。其中，75.60%的学生表示能够熟练使用数字教材的功能；77.40%的学生认为数字教材的界面设计友好且易于操作；73.50%的学生对数字教材的技术支持感到满意；此外，79.80%的学生认为数字教材的技术特点对他们的学习有帮助。这些数据充分表明数字教材在技术层面的优势，为学生的学习提供了便捷、高效的支持（王雪梅等2025）。

综上，学生对智慧环境下数字教材的使用体验总体上是积极且满意的。数字教材在智慧教育环境中有效地支持了学生的学习，不仅提升了学习效果，还满足了学生的个性化学习需求，展现出良好的应用前景和学生的高度接受度。

4.2 前后测结果与讨论

通过对一个学期前后测考试成绩的配对样本t检验（见表1），研究发现使用《全新版大学进阶英语》数字课程的实验班学生的英语成绩显著提高（$p<0.01$），总平均成绩从学期初的80.80分到学期末84.76分，提升幅度达到4.90%。除总成绩外，各个考试模块的前后测成绩也反映了学生英语能力的显著提升情况。在听力部分，学生的平均成绩从26.33分提升至28.41分，具有统计学显著意义（$p<0.01$），这一变化表明数字教材的使用在帮助学生提升听力理解能力方面发挥了重要作用（丁明杰2024）。阅读部分的成绩同样进步显著（$p<0.01$），从平均36.03分提升至39.48分，这说明学生在处理文本信息、理解复杂语篇方面的能力有了显著增强。此外，学生在写作部分的得分也呈现出积极的增长趋势（$p<0.01$），平均得分提高了9.18%，从16.88分提升至18.43分，表明学生在词汇、语法以及思想表达、组织语言方面的综合能力得到了加强。这些数据综合起来表明，混合式教学结合数字教材能够全方位地提高学生的英语水平，为学生的语言综合能力发展提供了有力支持（葛福鸿2019）。

表1 学期前后学生成绩配对样本t检验结果

	平均值	标准差	标准误差平均值	差值95%置信区间		t	df	显著性（双尾）
				下限	上限			
学期初听力—学期末听力（40%）	-2.075	2.855	0.184	-2.552	-1.598	-8.616	119	$p<0.01$
学期初阅读—学期末阅读（40%）	-3.442	2.358	0.152	-3.847	-3.036	-16.806	119	$p<0.01$

	平均值	标准差	标准误差平均值	差值95%置信区间		t	df	显著性（双尾）
				下限	上限			
学期初写作—学期末写作（20%）	−1.554	1.558	0.101	−1.896	−1.213	−9.010	119	$p < 0.01$
学期初总成绩—学期末总成绩（100%）	−3.963	3.149	0.203	−4.299	−3.626	−23.312	119	$p < 0.01$

4.3 访谈结果与讨论

访谈结果显示，学生对数字教材的反馈总体上是积极正面的。绝大多数学生表示数字教材中丰富的视频和音频材料使学习过程变得更加生动有趣，这种多媒体的呈现方式极大地激发了他们的学习兴趣，使他们更愿意主动参与到学习活动中。如学生S3表示："我感觉数字教材里的视频和音频特别棒，让学习变得特别有意思，我现在上课都特别积极，主动参与讨论的次数也多了。"相当一部分学生认为线上与线下相结合的教学方式为他们提供了更多的英语口语实践机会，这种混合式学习模式让他们能够在真实的交流情境中运用所学知识，从而有效提升了口语表达能力。多数学生指出，数字教材中的词汇学习模块通过互动练习和即时反馈，使他们对词汇的记忆和运用更加积极主动，学习积极性得到了显著提升。此外，超过半数的学生认为数字教材中的语法讲解更加清晰易懂，与传统教材相比，数字教材能够以更加直观、生动的方式呈现语法知识点，帮助他们更好地理解和掌握语法规则。

然而，根据访谈的数据分析，发现实际教学中也面临一些不容忽视的问题和挑战。学生S5、S11和教师T2均表示："数字教材虽然很有用，但在课前课后使用时，应该慢慢来，不然容易让人感到困惑"。Ingkavara *et al.*（2022）指出，在将数字教材应用于个性化学习时，需要考虑学科内容的特点，逐步呈现，避免学生产生困惑。另一方面，学生使用数字教材，可能会出现注意力不集中，学习自觉性降低等问题。部分学生对混合式学习环境的适应性较差，尤其是在自主学习能力方面，这影响了他们在数字教材使用过程中的学习效果（胡科等 2021）。此外，访谈结果还显示，许多教师未接受过相关培训，难以有效使用新技术进行教学，这导致数字教材的功能未能得到充分利用，教学效果未能最大化（冯晓英等 2018）。随着教学活动越来越多地转移到线上平台，数据安全和隐私保护也成为亟待解决的重要问题，少数同学，如学生S9表示："我觉得现在线上学习越来越普遍了，不过数据安全和隐私保护也很关键，学校和平台一定要重视起来。"数字教材涉及大量学生个人信息和学习数据，需要确保这些信息不被未经授权访问或滥用。

综上，在智慧环境下，数字教材对学生学习动机和英语学习效果产生了积极影响。定量分析显示，学生在使用数字教材后，各模块成绩显著提高，整体英语水平得到提升。定性访谈也表明，数字教材丰富的多媒体内容激发了学生的学习兴趣，混合式教学模式增加了口语实践机会，词汇学习模块和语法讲解也受到学生好评，提升了学习效果。然而，从分析中也能够发现，在实际教学中，个性化学习内容呈现、学生注意力集中和学习自觉性、教师培训以及数据安全和隐私保护等方面仍存在一些挑战。

5. 智慧环境下的数字教材使用建议

基于目前有关数字教材实证研究方面的不足，本研究验证了智慧环境下数字教材与混合式教学融合模型的有效性。研究结果表明，智慧环境下数字教材的应用显著提升了学生学习能力，但在实践中也面临一些挑战。为促进智慧环境下数字教材的有效使用，笔者提出以下建议。

5.1 加强信息化基础设施建设

政府和教育机构应加大资金投入，确保所有学校，尤其是偏远地区学校，具备足够的硬件设施支持数字化学习（钟学娥 2023），完善学校信息技术设施，建设标准化智慧教室。以贵州大学为例，该校投入专项资金建设了82间智慧教室，打造了集智能教学、远程互动、课堂分析等功能于一体的现代化教学空间。同时，要建立设备运维保障机制，确保信息化设施持续稳定运行。

5.2 提升教师数字素养与教学能力

构建"线上+线下"立体化教师培训体系。线下定期举办智慧教学能力提升工作坊，重点培训数字教材深度应用和混合式教学设计等方面的能力；线上建设教师发展数字化平台，提供微课、案例库等学习资源。通过定期开展教师培训工作坊和在线课程，帮助教师掌握数字教材的使用技巧和先进教学方法，充分发挥数字化教学的优势。

5.3 优化混合式学习模式

教学实践者可以根据学生的学习风格与能力，设计分层教学内容与多样化学习任务。采取渐进式混合教学策略，课程初期安排较多的线下课堂教学，随着学生对学习方式的逐渐适应，逐步增加数字学习的比重，从而平稳过渡到混合式学习模式（胡科等 2021）。结合线上讨论与线下小组活动，增强学生的互动性与参与度。同时，充分利用数字教材的即时反馈功能，帮助学生及时了解学习进度与不足之处，调整学习策略（Ellis 2003）。

5.4 打造智能沉浸式个性化数字教材

对于教材开发人员，建议在数字教材中整合丰富的多模态资源，提供沉浸式学习体验。同时，开发基于大数据分析的个性化学习模块，为学生提供定制化的学习路径与资源推荐。此外，确保数字教材的界面设计简洁易用，降低学生与教师的使用门槛（丁明杰 2024）。

5.5 强化数据安全与隐私保护

采取加密存储、限制访问权限等技术手段，确保学生数据的安全与隐私。课程平台应确保所有数据存储在安全的环境中，并对敏感信息进行加密处理，以防止数据泄露和滥用。

6. 结　语

本研究将"任务型语言教学"和"个性化学习理论"相结合，构建了一个数字教材与混合式教学的融合模型，并通过实证研究验证了其有效性。研究采用量化与质化相结合的方法，全面评估了数字教材的应用效果，为智慧教育的进一步发展提供了理论支持与实践参考。

智慧环境下数字教材的使用极大地丰富了教学手段，提高了教学效果。混合式教学模式将传统面授与线上教学相结合，充分发挥了数字教材的优势，实现了个性化、差异化教学。然而，数字教材的使用仍面临诸多挑战。教师的信息技术应用能力、学生的自主学习能力以及数字教材的质量等因素，均对教学效果产生重要影响。因此，提升教师的信息素养、培养学生的自主学习意识以及优化数字教材内容，是推动智慧教育发展的关键。

智慧环境下数字教材的使用研究，对于推动我国教育信息化进程、实现教育现代化具有重要意义。当前，对智慧教育领域的深入理解和全面探索还有很长的路要走。未来的研究应持续关注数字教材在混合式教学中的应用，扩大研究范围，进一步延长跟踪时间，为我国教育事业的发展提供更具普适性的理论支持和实践借鉴。

参考文献

[1] Bloom B. The 2 sigma problem: The search for methods of group instruction as effective as one-to-one tutoring [J]. *Educational Researcher*, 1984, 13(6): 4–16.

[2] Ellis R. *Task-based Language Learning and Teaching* [M]. Oxford: Oxford University Press. 2003.

[3] Ellis R. Task-based language teaching: Sorting out the misunderstandings[J]. *International Journal of Applied Linguistics*, 2009, 19(3): 221–246.

[4] Faridi A, Saleh M, Fitriati S. The effect of hybrid task-based language teaching and critical thinking on writing performance in Indonesia[J]. *The New Educational Review*, 2020, 61(3): 109–118.

[5] Huang Y M, Liang T H, Su Y N, *et al.* Empowering personalized learning with an interactive e-book learning system for elementary school students [J]. *Educational Technology Research and Development*, 2012, 60: 703–722.

[6] Ingkavara T, Panjaburee P, Srisawasdi N, *et al.* The use of a personalized learning approach to implementing self-regulated online learning [J]. *Computers and Education: Artificial Intelligence*, 2022, 3: 100086.

[7] 白彦，柏林童，张一傲.数字教材建设的理论建构、现实困境与优化路径——基于TOE模型的分析[J].中国高等教育，2024，(7)：45-48.

[8] 陈海霞，周立林.数字化背景下职业教育数字教材的应用形态、场景及功能探析[J].中国电化教育，2024，(9)：116-121.

[9] 丁明杰.基于U校园平台的智慧课堂教学模式构建与应用——以"大学英语"课程为例[J].中国医学教育技术，2024，38(3)：342-346.

[10] 冯晓英，王瑞雪，吴怡君.国内外混合式教学研究现状述评——基于混合式教学的分析框架[J].远程教育杂志，2018，36(3)：13-24.

[11] 高琳琦.生成式人工智能在个性化学习中的应用模式[J].天津师范大学学报（基础教育版），2023，24(4)：36-40.

[12] 葛福鸿，张丽萍.教育信息化2.0背景下混合式教学实证研究——基于UMU互动学习平台的教学实践[J].教学与管理，2019，(24)：31-33.

[13] 葛建平.人工智能背景下数字教材风险与治理[J].科技与出版，2024，(10)：103-112.

[14] 胡科，刘威童，汪潇潇.混合式教学课堂中生师互动的影响因素分析[J].高教探索，2021，(3)：72-79.

[15] 刘雨眠，郭燕.大数据时代基于教学支架的混合式教学模式探索与研究[J].教育科学研究，2024，(12)：20-27.

[16] 牟智佳，岳婷，朱陶.人机协同视域下基于认知智能大模型的个性化学习设计研究[J].电化教育研究，2025，46(2)：80-87.

[17] 宋毅，王繁.教育数字化背景下高等教育数字教材的内涵特征、发展现状与建设思路[J].中国大学教学，2024，(3)：4-7.

[18] 孙燕，李晓锋.教育数字化转型背景下的数字教材发展需求、现状与对策[J].中国大学教学，2023，(12)：85-91.

[19] 王雪梅，周茂杰，马秋艳.智慧教育背景下高校外语数字教材的内涵特征、建设现状与发展路径[J].当代外语研究，2025，(2)：34-43.

[20] 张雅楠.教育数字化转型中的数字教材开发与应用：机遇、挑战与实践探索[J].中国职业技术教育，2024，(20)：19-24.

[21] 赵丙勋，袁华莉.教育数字化转型视域下新形态数字教材的应用场景及建设路径[J].出版科学，2025，33(1)：55-65.

[22] 钟学城.现代信息技术赋能高校思想政治教育理论研究——评《高校思想政治理论教育传统优势与现代信息技术有机融合研究》[J].中国科技论文，2023，18(1)：133.

《外语教材研究》征稿启事

上海外国语大学外语教材研究院成立于2019年，旨在凝聚国内外语学科多语种、跨学科的教材研究专业力量，搭建基础教育、职业教育、高等教育等外语教材建设的学术研究平台，推动外语教材理论体系建设和外语教材质量的提升。

为更好地总结和推广国内外外语教育专家在外语教材建设和研究方面的成果，为国内外语教材建设和研究提供可资借鉴的资源和素材，上海外国语大学大中小学外语国家教材建设重点研究基地、上海外国语大学外语教材研究院推出《外语教材研究》，下设外语教材理论研究、外语教材建设研究、外语教材使用研究、外语教材比较研究、外语教材发展研究等栏目；研究范围包含基础教育、职业教育和高等教育教材，英语或其他语种教材均可。

本刊每年出版两辑，目前全文已被收录入中国知网、万方、国家哲学社会科学文献中心等数据库。热忱欢迎全国外语教材研究者投稿。

一、来稿要求

1. 来稿力求精炼，论文以8,000-10,000字为宜，重点稿件可到12,000字。

2. 来稿请按照中英文标题，中英文摘要、中英文关键词、正文、注释、参考文献顺序撰写，用Word软件处理和打印。

3. 请另页写明作者基本信息，包括姓名、工作单位、学位或职称、研究方向、最新主要成果、通讯地址等。

4. 稿件体例请参阅《外语教材研究》稿件格式要求（下载地址：https://ilmd.shisu.edu.cn）。

二、来稿处理

1. 稿件文责自负，来稿请勿一稿多投。编辑可对拟用稿件作必要的修改或删节，不同意者请在来稿中事先声明。

2. 本刊按国际学术界通行做法实行同行专家匿名审稿，投稿4个月未获本刊录用通知，作者可另行处理。来稿恕不退还，请自留底稿。

3. 稿件一经发表即致稿酬，并赠当期《外语教材研究》两本。

4. 本刊已入编知网《中国学术辑刊全文数据库》《万方数据知识服务平台》《国家哲学社会科学学术期刊数据库》《国家哲学社会科学文献中心》等数据库，其收录论文作者著作权使用费与本刊稿费一次给付。如作者不同意论文编入数据库及网络出版，请在来稿时声明，本刊将另行处理。

三、编辑部联系方式

地　　址：上海市虹口区大连西路558号611室 上海外国语大学外语
　　　　　教材研究院《外语教材研究》编辑部

邮　　编：200083

投稿邮箱：ilmd@shisu.edu.cn

联系电话：021-55385320　　021-55396203